ORTODOXIA SENSUAL

ORTODOXIA SENSUAL

Recuperando el *Mensaje* del *Dios Encarnado*

DEBBIE BLUE

Copyright © by Debbie Blue, 2004.

ORTODOXIA SENSUAL
RECUPERANDO EL MENSAJE DEL DIOS ENCARNADO
de Debbie Blue. 2020, JUANUNO1 Ediciones.

Título de la publicación original: "Sensual Orthodoxy".
This work is published by agreement with the owner Deborah Ann Blue.
Esta obra se publica mediante acuerdo con la propietaria Deborah Ann Blue.
Spanish Language Translation copyright © 2020 by JuanUno1 Publishing House, LLC.

ALL RIGHTS RESERVED. | TODOS LOS DERECHOS RESERVADOS.
Published in the United States by JUANUNO1 Ediciones,
an imprint of the JuanUno1 Publishing House, LLC.
Publicado en los Estados Unidos por JUANUNO1 Ediciones,
un sello editorial de JuanUno1 Publishing House, LLC.
www.juanuno1.com

JUANUNO1 EDICIONES, logos and its open books colophon, are registered trademarks of JuanUno1 Publishing House, LLC.
JUANUNO1 EDICIONES, los logotipos y las terminaciones de los libros, son marcas registradas de JuanUno1 Publishing House, LLC.

Library of Congress Cataloging-in-Publication Data
Name: Blue, Debbie, author
Ortodoxia sensual: recuperando el mensaje del dios encarnado / Debbie Blue.
Published: Miami : JUANUNO1 Ediciones, 2020
Identifiers: LCCN 2020949695
LC record available at https://lccn.loc.gov/2020949695

REL080000 RELIGION / Christian Ministry / Preaching
REL012040 RELIGION / Christian Living / Inspirational
REL006100 RELIGION / Biblical Criticism & Interpretation / New Testament

Paperback ISBN 978-1-951539-45-0
Ebook ISBN 978-1-951539-59-7

Traducción: Ian Bilucich
Corrector: Tomás Jara
Diagramación: María Gabriela Centurión
Portada: JuanUno1 Publishing House, LLC
Director de Publicaciones: Hernán Dalbes

First Edition | Primera Edición
Miami, FL. USA.
-Diciembre 2020-

Tabla de contenidos

Prólogo de Mercedes L. García Bachmann 7
Prefacio 13
Agradecimientos 19

Figuras del pesebre de Betty 21
Media pulgada de fibra de vidrio 31
Un Dios parturiento 43
Una metáfora potencialmente repugnante 55
Un Dios que duerme 65
Un Dios que se moja 77
La mujer perro 89
¿Cuántas veces debo perdonar a George Bush? 99
Una bomba a la meritocracia 111
Comida para gusanos 123
Déjala en paz 135
Res[E]rección 145
Esperando que suceda 155
Hinojo de florencia 165
La gloria no brilla; sangra 177
Cuervo común 187

Prólogo

Comencé a leer *Ortodoxia sensual* por dos razones: la primera, mi compromiso con esta editorial de escribir un prólogo para la traducción al español. La segunda, por curiosidad sobre la autora, de quien había escuchado por diferentes fuentes. Pronto, descubrí que no estaba leyendo para escribir este prólogo, sino para ver cómo seguía Debbie con una determinada idea. ¿No es una de las sensaciones más gratificantes, más sensuales, esa de leer para "ver cómo sigue" el libro?

Un público lector de un libro sobre Biblia o teología es una rareza dentro del mundo de amantes de la lectura; a su vez, es una rareza para vastos sectores de la población mundial a lo largo de los siglos. Solo usted sabe por qué tiene este libro en sus manos. Puede ser por curiosidad o por hartazgo ante respuestas repetidas a preguntas formuladas tiempo atrás. Puede ser que haya llegado por recomendación o por accidente; puede ser que *Ortodoxia sensual* sea parte de las lecturas obligatorias de un curso o parte del ejercicio de leer autoras nuevas o conocidas para usted. Dentro de esa rareza que es el público lector de un libro sobre Biblia o teología, puede ser que usted tenga una fe que ningún vendaval mueve o que no tenga relación en absoluto con la Divinidad de la Biblia o el Dios trinitario de la tradición cristiana… o que esté en algún punto intermedio entre estos extremos; que haya sido creyente o miembro por tradición o que aún esté considerando serlo, con más certezas que dudas —o viceversa— en su mente y su corazón. En fin, como ve, estimada lectora, estimado lector, trato de imaginarme cómo es la persona que tiene en sus manos este gran libro y qué expectativas podría tener sobre él.

Pero ¿para qué sirve este ejercicio? En pocas palabras, para "conocer a mi audiencia". Cuando comenzamos a prepararnos para el ministerio pastoral en una comunidad, a menudo escuchamos: "Para poder predicar bien, tienes que conocer a tu audiencia, saber a quién le estás hablando". Pidiéndole auxilio a Pablo de Tarso (Ro 10: 14-17), "¿cómo van a invocar a aquel en quien no han creído? ¿Cómo creerán en aquel de quien no han oído hablar? ¿Cómo van a oír sin que se les predique? […] Por tanto, la fe viene de la predicación, y la predicación, por la palabra de Cristo". Sí: por la palabra de Cristo expresada adecuadamente a una determinada audiencia: con los griegos, griego; con los judíos, judío; con las mujeres, mujer; con la gente descreída, como quien da lugar a las dudas. Me atrevo a decir que si usted está en alguna de las categorías enunciadas más arriba, entre creyente, *dudante* y descreído/a, amante de la Escritura y "bicho raro" de la teología, entonces disfrutará de los sermones de Debbie Blue en *Ortodoxia sensual*. No, claro, no me atrevo a predecir cuál le gustará más o hablará más a sus necesidades. Pero sí me atrevo a recomendarle su lectura, porque sé que hay aquí un mensaje sobre el poder de Dios que habla a nuestros días. Debbie Blue no escribió estos sermones para una audiencia hispanoparlante en plena pandemia por el COVID-19 pero, así y todo, nos habla.

En la teología luterana se reconoce el ministerio de la Palabra y los Sacramentos, ejercido por ministros, ministras o ministres, es decir, por personas de cualquier género y orientación sexual, a quienes Dios ha llamado y cuyo llamado la Iglesia reconoce (y a quienes generalmente se les llama "pastor" o "pastora"). Ese ministerio tiene que ver con el anuncio de la Palabra de Dios, tanto proclamada en la lectura de la Biblia como en la predicación. Y eso es lo que hace esta autora, quien es también una pastora luterana: predicarnos la Palabra de Dios. En la mejor tradición de Miriam, Eliseo, Jeremías y el mismo Jesús, usa los medios a su alcance para anunciarnos la gracia divina. Un cuervo un día de primavera (Cap. 16) o las semillas de la abuela Eisley (Cap. 14) reemplazan a la pandereta de Miriam (Ex 15: 20-21), al almendro de Jeremías (Jr 1: 11-12) o las parábolas de Jesús (Marcos 12; Mateo 13). La enseñanza mediante recursos literarios (cuentos cortos, metáforas, proverbios, adivinanzas, rimas, música y otros) es una de las tradiciones más antiguas y más honoríficas que nos han legado los pueblos del cercano oriente; una en la que muchas mujeres podían mostrar su excelencia.

Totalmente al margen, los primeros poemas que nos han llegado de Agadé (o Akkad), del siglo 23 antes de nuestra era, son de una poetisa y sacerdotisa del Dios Nannar, la Luna, llamada Enheduanna, hija de Sargón.

Enseñar requiere paciencia y generosidad y, además de la carga teórica de la disciplina, habilidad práctica y sensibilidad a los tiempos y las personas con quienes se enseña y aprende. Es obvio, pero vale la pena repetirlo: nadie puede hacer que otra persona aprenda (o crea, si vamos al caso de la predicación); solo podemos usar las herramientas de las que disponemos para alentar a incorporar un nuevo conocimiento, modificar una conducta, generar interés en investigar algo hasta entonces desconocido, o lo que fuere que nos pongamos como meta al enseñar. Requiere, en términos bíblicos, *jokmá*, *sofía*, Sabiduría.

> La sabiduría es un estado de la mente y el espíritu humanos caracterizada por una comprensión honda [...], elaborada como una cualidad poseída por los sabios y las sabias, pero también es atesorado como sabiduría popular e ingenio. La sabiduría es el poder de discernimiento, comprensión profunda y creatividad; es la habilidad de moverse y danzar, de hacer conexiones, de saborear la vida y de aprender de la experiencia. La Sabiduría es inteligencia modulada por la experiencia y afilada por el análisis crítico. Es la habilidad de tomar [...] decisiones incisivas. Su significado [...] aparece

en su forma en latín *sapientia*, la cual deriva del verbo *sapere*, probar y saborear algo.[1]

Además de la sabiduría, una clave importante para leer *Ortodoxia sensual* es la actitud constante de mirar las cuestiones desde otro ángulo, "darles una vuelta de tuerca", como decimos coloquialmente en estos lares: "Parece que, muy a menudo, tal vez por familiaridad o domesticación, este tipo de imágenes bíblicas nos pasan por al lado sin alarmarnos por su fuerza" (Cap. 4). Como ella propone, ¡imagínense las caras de la feligresía de nuestras comunidades si apareciera un flamenco o, aún mejor, Homero Simpson en nuestros pesebres navideños! Y, sin embargo, cuando Jesús contó la parábola de los dos hijos, cuando la mujer cananea desafió a Jesús (Cap. 7, "La mujer perro") o cuando Pablo afirma: "En efecto, todos los bautizados en Cristo os habéis revestido de Cristo: ya no hay judío ni griego; ni esclavo ni libre; ni hombre ni mujer, ya que todos vosotros sois uno en Cristo Jesús" (Ga 3: 27-28), estaban siendo mucho más provocadores que si infiltráramos a Superman en el pesebre.

No es cuestión de perspectiva, finalmente, sino de dejarse sorprender por Dios y su gracia, siempre de nuevo. De eso se tratan las Buenas Nuevas, el Evangelio de Dios,

---

1 Elisabeth Schüssler Fiorenza, "Foreword: 'Come Eat of My Bread… and Walk in the Ways of Wisdom'", en Elsa Tamez, Cynthia Briggs Kittredge-Claire Miller Colombo y Alicia J. Batten, *Philippians, Colossians, Philemon.* Collegeville, Liturgical Press. (2017). xii. [Traducción propia]

desde que se comprometió con nuestro cosmos al crearlo hasta el día de hoy y para siempre. Prologar este libro tampoco fue una cuestión de perspectiva; fue encontrarme con una mujer de su tiempo que predica para su contexto acerca de qué se trata esta Divinidad de muchos nombres de la que hablamos. Y no olvidemos que, entre los muchos nombres de Dios, YHVH —"Soy Quien Está Contigo"— es su nombre propio y es de los más frecuentes, aunque esté escondido tras "el Señor" en muchas traducciones. Yo Soy Quien Está Contigo, Emmanuel, Jesús (cuya raíz indica salvación), el Mesías, el Dios parturiento… Dios de muchos atributos, para hacernos saber de una manera o de otra que nos ama, nos perdona, nos reconcilia, nos restaura. Estoy segura de que usted disfrutará de este libro y le encontrará muchas nuevas aristas a su relación con lo Divino, con usted mismo/a y con su prójimo.

Rev. Mercedes L. García Bachmann
Directora del *IPC (Instituto Pastoral Contextual)*
Ministra ordenada de la
Iglesia Evangélica Luterana Unida Argentina-Uruguay
Doctorada en Biblia en el *Lutheran School of Theology at Chicago*
7 de octubre de 2020

Prefacio

La memoricé, la obedecí, sabía que de algún modo se suponía que era crucial en mi vida, pero, honestamente, no había nada sobre la Biblia que me resultara intrigante. Me di cuenta de que era conveniente pretender que me gustaba, pero parecía que los cuentos de hadas y las historias para irse a dormir tenían más pistas vitales de los secretos del universo.

Se presentó como algo simple y claro. Nada de largas historias llenas de giros, enredos y tramas, sino pequeñas narrativas perfectas. Era instrucción moral. Nos decía cómo debíamos comportarnos. Y la forma en que se comunicaba parecía tan interesante como podría esperarse que fuera un instructor de disciplina: para nada salvaje, apasionado o comprometido con la vida, ni lleno de sexo, sangre y peleas; sino pulcro, prudente, mediocre y desabrido. Era un texto al servicio de una agenda antisensual.

El hecho de que alguien haya logrado llevar a cabo esa presentación es bastante sorprendente. En el libro hay monstruos. Hay historias gráficas sobre personas con nombre y todo tipo de emociones humanas. No para de hablar sobre esterilidad, fertilidad y comida. Está lleno de amor, dolor, ira, muerte y todo tipo de poesías. No es para nada abstracto. Es muy concreto. Está lleno de tramas. Las historias no son nada si no son presentadas por capas, si no son tangibles. Eso es sensual.

De alguna manera, a veces parece que creer que es la Palabra de Dios puede terminar por menoscabarla en vez de engrandecerla; por volverla tiesa, muerta y estrecha en vez de loca, llena y viva. Tal vez tenga que ver con que las personas que están a cargo (ya sean académicos, fundamentalistas o ministros de la institución) están siendo demasiado rígidos al respecto. Puede llegar a ser un daño colateral de la reverencia extrema. La reverencia y el amor me resultan diferentes. La primera es parecida a la distancia, el segundo se trata de comprometerse.

La Palabra de Dios, como la de cualquiera, es la intención de un ser viviente que trata de comunicar algo. Si Dios está vivo de algún modo que nos resulte significativo, entonces podrías pensar que la Palabra de Dios nos compromete a tener una conversación o algún tipo de relación en lugar de golpearnos la cabeza como tablas de piedra caídas del cielo. Si Dios está vivo de algún modo que nos resulte significativo, entonces la Palabra de Dios no sería un depósito intocable de hechos sobre Dios que debes manejar con cautela, sino algo cierto con lo que te puedes estrellar, algo con lo que pelear. Pelear parece una buena manera de lidiar con ella. Forcejear con ella de verdad. Con mucho contacto. Tal vez deberías agarrarla del cuello, tironear de ella y rodar en la tierra. Tus uñas no van a quedar limpias y ella no se va a romper. En vez de aproximarnos de manera abstracta, deberíamos hacerlo como una esposa granjera manipula un pollo: con cuidado pero no delicadamente, minuciosamente pero no con cautela.

Podría estar equivocada, pero lo que guía mi exégesis es la creencia de que si escucho la Palabra de Dios en medio de la contienda, será la palabra de un amante. Un amante que quiere que el mundo crea y viva en aquel amor, no el Supremo Ser que pretende que sus criaturas se alineen adecuadamente, con la camisa limpia, el traje abotonado, y se inclinen en la posición de súplica que corresponde. Creer en el amante viviente al menos un poco —o a pesar de ti mismo—, o empezar ahí aun si por ahora no crees demasiado hace que leer la Biblia sea una aventura bastante interesante. Es diferente de creer en los méritos posibles de un sistema religioso, institución o código moral. No estoy diciendo que siempre crea en eso, pero es la esperanza que me entretiene (creo que ese es mi trabajo como pastora, más que, digamos, promocionar la iglesia o mantener la institución).

Aunque parezca que las personas a cargo muy a menudo han tenido una tendencia antisensual, medio abstracta, la historia de Cristo va en dirección contraria. Dios se encarna físicamente en el mundo. Dios se hace verdaderamente hombre en el vientre de María y nace al mundo a través del canal de parto. Jesucristo camina, come y no siempre se lava las manos. Dios se revela a sí mismo como un humano con piel, dientes y lengua. Siente, se mueve, vive, sufre, muere. Esta es la historia central del cristianismo y su movimiento hacia lo físico y no tanto hacia lo metafísico. Los ensayos de este libro son intentos de leer la historia de Jesucristo. Tienen la intención de ser sensualmente ortodoxos o, al menos, lo suficientemente ortodoxos.

Sé que rompo reglas exegéticas, gramaticales y de todo tipo. No me importa. Me gusta romper las reglas. Lo haré en el servicio de mantener algo vivo. Para mí está bien responder a locas narrativas surrealistas con otras locas narrativas surrealistas (a veces, irrelevantes y anacrónicas). Mis ensayos son respuestas sensuales a un texto sensual. Me parece mejor que responder con una abstracción teórica. Mientras sepamos que no vamos a entenderlo en su totalidad (y ni siquiera se trata de eso), tal vez hasta podamos ser juguetones. Siento que es responderle al texto del mismo modo.

Estas no son exhortaciones a una congregación sobre cómo vivir la vida. Son intentos de leer la Biblia con otras personas. Y House of Mercy[1] es una comunidad grandiosa de personas con quienes leer la Biblia, luchar, cuestionar y vivir.

---

[1] *House of Mercy* (por su traducción, *Casa de Misericordia*) es la iglesia que Debbie pastorea. (N. del E.)

A menudo, cuando observo un pasaje sobre el que se supone que debo predicar, me da la misma sensación de cuando no puedes hacer que tu mente se comprometa con una frase aunque la leas cincuenta y cinco veces. Te limitas a hacer garabatos, a rememorar alguna conversación o a tratar de recordar qué cosas necesitas de la tienda. Pero mi proceso de escritura es un proceso de *contra-abstracción*. Termino por involucrarme a fondo. Espero que, para ustedes, leer este libro sea, al menos, algo de eso.

Agradecimientos

La primera vez que de verdad creí que la Biblia era interesante o que Dios podría realmente estar vivo fue cuando estudiaba con John Linton en Oregon Extension. Por lo general, usaba las notas de sus estudios bíblicos como comentarios y son los comentarios más graciosos, inteligentes y alocados que jamás he encontrado. Las mejores lecturas del texto son suyas (mucho de "Mujer Perro" es de un sermón que él dio en aquel texto que fue publicado en *OE Journal*. En "La gloria no brilla, sangra" no solo uso todas sus ideas sobre la gloria y la expiación, sino que en realidad hasta robo sus bromas sobre Zeus y sus líneas sobre "Dios es el tonto que trepa al árbol siguiendo al gato". El cálculo es su vocabulario esclarecedor. Lo uso todo el tiempo. En "Una bomba para la extravagancia de la competencia humana", todas las ideas sobre justicia y misericordia son suyas. Si continúo, se hará evidente que todo el libro es realmente un reconocimiento para él).

Estoy muy agradecida por poder leer la Biblia con mis compañeros de trabajo (Rev. Dr. Mark Stenberg, Chris Larson, y Rev. Russell Rathbun). Ellos son los líderes más interesantes, inteligentes y creativos de cualquier iglesia que jamás haya conocido. Estoy agradecida a Mark por siempre predicarme las buenas noticias y por ser capaz de verlas en el texto cuando yo no puedo. El Rev. Russell Rathbun —que es milagroso en hacer posible que todo tipo de personas hagan todo tipo de cosas— hizo que yo pudiera juntar todo esto, dar con un título, y luego convenció a Dan para que lo publicara. También les puso título a los sermones y es gracias a él que aprendí a predicar. Así que, en muchos aspectos, no tendría un libro de sermones de no ser por su influencia.

Linda Buturian lee todos mis sermones antes de que los dé. No puedo imaginar una lectora (o amiga) más servicial y alentadora. Jim, Miles y Olivia hacen posible todo lo bueno que sucede.

Figuras del pesebre de Betty
6 de enero de 2002: Epifanía de nuestro Señor

u

Cuando nació Jesús, en Belén de Judea, bajo el reinado de Herodes, unos magos de Oriente se presentaron en Jerusalén y preguntaron: "¿Dónde está el rey de los judíos que acaba de nacer? Porque vimos su estrella en Oriente y hemos venido a adorarlo". Al enterarse, el rey Herodes quedó desconcertado y con él toda Jerusalén. Entonces reunió a todos los sumos sacerdotes y a los escribas del pueblo para preguntarles en qué lugar debía nacer el Mesías. "En Belén de Judea –le respondieron–, porque así está escrito por el Profeta: 'Y tú, Belén, tierra de Judá, ciertamente no eres la menor entre las principales ciudades de Judá, porque de ti surgirá un jefe que será el Pastor de mi pueblo, Israel'". Herodes mandó llamar secretamente a los magos y después de averiguar con precisión la fecha en que había aparecido la estrella, los envió a Belén, diciéndoles: "Vayan e infórmense cuidadosamente acerca del niño, y cuando lo hayan encontrado, avísenme para que yo también vaya a rendirle homenaje". Después de oír al rey, ellos partieron. La estrella que habían visto en Oriente los precedía, hasta que se detuvo en el lugar donde estaba el niño. Cuando vieron la estrella, se llenaron de alegría, y al entrar en la casa, encontraron al niño con María, su madre y, postrándose, le rindieron homenaje. Luego, abriendo sus cofres, le ofrecieron dones, oro, incienso y mirra. Y como recibieron en sueños la advertencia de no regresar al palacio de Herodes, volvieron a su tierra por otro camino. – Mateo 2:1-12 (El Libro del Pueblo de Dios)

Betty tiene una colección abrumadora de figuras del pesebre. Reúne cada diseño ingenioso que ha sido popular en las últimas tres décadas. Representaciones lindas, peludas, perfumadas, con cuentas, purpurina y teñidas. Hace algunos años, exhibió una escena donde María y José parecían estar hechos de malvaviscos laqueados. Pero, aunque encuentro fascinante el registro de muestras de artesanías pegajosas, lo más notable para mí es que todos estos artículos (malvaviscos, pinzas para la ropa, conchas de mar) puedan reconocerse fácilmente como la Familia Santa en vísperas de Navidad. Solo ponle barba a la piña de un pino o agrégale un bastón a las manos de algo hecho de alguna variedad de pasta italiana y ya sabremos quién es. Ni siquiera hay que mirarlo demasiado. Tenemos la escena memorizada.

Los objetos que forman el pesebre de Betty me sorprenden, pero el contenido no. El contenido siempre es el mismo: quiénes están ahí, dónde están parados, lo que están haciendo. No estoy segura de qué debe suceder para que algo de un contenido tan salvaje termine por parecer cada vez menos sorprendente, cada vez más común. Es la historia de cómo Dios se hizo carne en el vientre de María; Dios nace en el mundo como un bebé, a través del canal de parto, en un granero. Creo que podríamos sentirnos un poco conmocionados cada vez que nos enfrentamos a la escena.

He estado pensando que, tal vez, alguien debería empezar un grupo pequeño de activistas guerrilleros cuya tarea fuera plantar figuras escandalosas en escenas del pesebre. Podrían trabajar tanto dentro de hogares privados como en la mayoría de los lugares públicos. Amas de casa suburbanas gritarían al encontrarse con figuras de Batman en el techo del pesebre. Las iglesias se horrorizarían al toparse con *barbies* y dinosaurios de plástico en sus altares. Pero las personas prestarían atención. Mirarían dos veces. Tal vez frenarían sus autos. Quizás hasta saldrían al ver un enano de jardín o un flamenco rosado o un gran Homero Simpson de plástico inclinado ante el niño Jesús en el césped de la Catedral.

Me pregunto si seré la primera a la que se le ocurrió esta idea. Tal vez haya habido alguna especie de grupo guerrillero que situó por primera vez a los sabios de Oriente en las escenas del pesebre. Ahora, obviamente, han sido estratégicamente apropiadas por fabricantes de pesebres convencionales, pero en verdad deberían ser una presencia más sorprendente. Es como poner unos transformistas en la obra navideña de Bethlehem Baptist.[1] Son conocidos popular y familiarmente como los sabios o los tres reyes; pero es más apropiado llamarlos magos. Hacían magia. Seguían estrellas. Conjuraban. Realmente son más Merlín que Arturo. Mateo nunca sugiere que sean reyes. Son practicantes de las artes de lo oculto. Así y todo, año tras año están parados ahí en la mayoría de las escenas de pesebres. Rígidos, inocentes y respetables; como si encajaran, como si siempre hubiesen estado ahí, se da por supuesto que pertenecen a ese lugar, como si no fueran paganos flagrantes que se entrometieron en la escena de nacimiento de una pequeña familia judía.

Estos tipos probablemente no venían de palacios agradables y limpios, ni siquiera de buenas familias. Posiblemente salieron de pequeños cuartos humeantes en la parte de atrás de salones de tatuajes o de casas en ruinas llenas de incienso y carnavales; de escaparates de mala muerte que anunciaban lecturas de cartas del tarot, del futuro, de palmas, y canalización de vidas pasadas. Son *paganos* que han estado haciendo cosas *paganas* y, aparentemente, fue mientras consultaban sus cartas astrológicas *paganas* que encontraron una estrella, evidencia —en su forma *pagana* de ver— de que había

---

[1] La Bethlehem Baptist (Iglesia Bautista de Belén, por su traducción al español) es una megaiglesia evangélica cristiana bautista con varias sedes, fundada en 1871. (N. del E.)

nacido un rey. Y encontraron a Jesús porque siguieron esa luz que avistaron desde su lejana tierra *pagana*.

Los astrólogos solo aparecen en Mateo —no en los otros evangelios— y en realidad no se menciona una escena de pesebre. Aparentemente, ellos ven la estrella cuando el niño ya ha nacido y luego emprenden un largo viaje. Así que, de hecho, no es la escritura la que los sitúa en nuestros conjuntos navideños. Deben haber sido las guerrillas.

Mateo, sin embargo, los hace aparecer como figuras importantes en su escena de apertura. De hecho, son estos magos —no María, José ni nadie de la familia— quienes dicen las primeras palabras humanas en la historia del Evangelio de Mateo. No nos da detalles domésticos del nacimiento. Ni qué pensó María cuando vio a su bebé ni cómo lo arrullaba. Él menciona el nacimiento de Jesús prácticamente de pasada y luego nos muestra a este séquito pagano, incursionando en Jerusalén meses después, preguntando: "¿Dónde está el que nació rey de los judíos?".

Es una forma osada de contar una historia. Estos extranjeros —en todo sentido de la palabra—, estos forasteros (muy forasteros) son las primeras personas en la historia de Mateo en encontrar al Mesías judío. Hablemos de ser un poco problemático, impredecible o incluso revolucionario. Tal vez hayamos pensado que nuestros hombres sabios encajaban muy bien entre los pastores y las ovejas, pero realmente es como tener a Shirley Maclaine[2] en la escena del pesebre. Así de extremo. *Shirley Maclaine*. No es para nada predecible.

Tengo que decirlo: hay algo que me gusta del pensamiento de mi antiguo director juvenil, el pastor Bob, que amaba predicar sobre la atrocidad del paganismo y advertirnos de los males de la astrología, a la vez que, con mucho cuidado, sacaba a los astrólogos paganos de sus cajas cada año y los ponía justo al lado del niño Jesús.

La historia del nacimiento de Cristo en Lucas está llena de ángeles, canciones, calor y belleza, y cuando la leo, pienso *¿Quién no amaría a este pequeño bebé Mesías que vino a traer paz en la tierra?* Pero Mateo empieza a bombardearnos con "tensión". Nos da extranjeros, forasteros, extraterrestres, paganos. Nos da inmediatamente la historia de aquellos que en realidad no amarían a este precioso bebé Mesías. Tenemos a Herodes. Herodes, que es el rey de los judíos, naturalmente siente que su realidad está un poco amenazada cuando los forasteros incursionan en su reino, afirmando haber visto la estrella de un rey de los judíos recién nacido. Y no solo Herodes está perturbado, dice Mateo, sino toda Jerusalén con él.

Bueno, después de todo, sí parece que podría ser un poco disruptivo que de pronto el reino de Dios penetre en

---

2 Artista estadounidense, seguidora de las religiones de la nueva era y la creencia en la reencarnación, que afirma haber sido una princesa inca en una vida anterior.

la realidad a la que todos están acostumbrados. Pareciera ser que es posible algo de tensión en torno a la aparición de todo un nuevo orden. Aunque no tenemos mucha realeza reinando en el mundo por estos días, no parece haber mucho espacio para otro rey con toda una manera distinta, que viene a estrellarse insensiblemente contra el mundo, abarrotando a su paso a la gentuza, a gitanos paganos con sus osos bailarines o a toda una multitud en estado de carnaval.

Es disruptivo. No hay lugar para este rey y sus modos. No encaja muy bien con lo que conocemos, tiene la forma incorrecta para cualquier espacio preconcebido. No queda bien. Quiero decir, ¿de qué manera "ama a tu enemigo", "da la otra mejilla" o "benditos sean los misericordiosos, los pobres de espíritu, los mansos y los débiles" realmente pueden ser instalados en el sentido común del Pentágono, de la Casa Blanca o en el tuyo?

¿Qué hay de "no puedes servir a Dios y a Mamón"? ¿Eso encaja?

No estoy segura de si realmente podemos llegar a un acuerdo con este otro rey y su reino diferente. Puede sonar bien en la teoría, pero no es compatible con la realidad, con los mandatos económicos, con el interés del Estado, con la seguridad nacional, con las necesidades políticas ni con los grandes negocios. ¡Por el amor de Dios! No encaja con nuestros impulsos evolutivos, con ganar, competir, tener éxito, luchar por éxito personal, ni con hacer nuestro propio camino en el mundo.

Es hora de que lo sepas: no hay lugar en la posada. Al parecer, estamos completamente arraigados en un paradigma diferente. Ya hay un reino presente en el mundo y no hay lugar para otro rey. Herodes es muy claro en este punto. No es idiota. Discierne el peligro inminente y activa la maquinaria política requerida para destruir lo que amenaza su realidad.

Lo primero que hace, irónicamente, es juntar a todos los líderes religiosos para que lo ayuden. Consulta al pueblo que más conoce y ama las escrituras y les pregunta por cualquier información que le puedan dar sobre Cristo. Le dicen que hay un texto que profetiza que un Mesías nacería en Belén.

Mateo incrementa la tensión: por un lado tienes al líder político del pueblo de Dios, Herodes el rey, junto a los líderes espirituales con las Santas Escrituras: todo lo que representa al orden establecido. Por el otro lado, tienes a los forasteros paganos con sus cartas astrológicas, bolas de cristal, tarot y todas esas cosas. Los líderes amantes de las escrituras terminan conspirando contra su Mesías para matarlo. No lo reconocen. Los extranjeros, hechiceros paganos que reúnen toda su información de las estrellas, reconocen a Cristo desde lejos y vienen a adorarlo.

Si lees la historia de Mateo, se vuelve bastante claro a estas alturas que su punto no es que todos debemos volvernos forasteros y magos paganos. Creo que su relato hace la pregunta *¿Hay lugar para este Cristo, para el reino de Dios y todo lo que trae a su paso?* Y parece ser que la respuesta es que no. El orden establecido toma la ofensiva con Jesús, no tiene lugar para él, lo resiste, lo condena y busca la forma de deshacerse de la amenaza. Y no vivimos en este mundo sin ser parte de ese reino, ese orden, esa realidad establecida. No hay lugar.

Sorprendentemente, el niño Cristo nace a pesar de todo. Dios se encarna en el mundo. No hay un espacio concebible, pero Dios viene. Dios viene y sigue viniendo. Cristo nace, escapa de Herodes, se abre camino entre los paradigmas de la realeza, vive, muere en manos del "otro reino", pero es resucitado. No hay lugar para Jesús en la posada, en el reino de Herodes, en el paradigma de la realeza ni en ninguna parte, pero esto no parece ser una gran disuasión. No puedes sellar la historia. Dios encuentra una forma de entrar.

La Epifanía es el festival que celebra la manifestación universal de la luz de Dios para todo su pueblo. Los hombres sabios representan lo milagroso de lo que entra desde afuera. La luz se mete.

Media pulgada de fibra de vidrio

7 de enero de 2001: primer domingo de Epifanía

u

Como el pueblo estaba a la expectativa y todos se preguntaban si Juan no sería el Mesías, él tomó la palabra y les dijo: "Yo los bautizo con agua, pero viene uno que es más poderoso que yo, y yo ni siquiera soy digno de desatar la correa de sus sandalias; él los bautizará en el Espíritu Santo y en el fuego. Tiene en su mano la horquilla para limpiar su era y recoger el trigo en su granero. Pero consumirá la paja en el fuego inextinguible". Y por medio de muchas otras exhortaciones, anunciaba al pueblo la Buena Noticia. Mientras tanto el tetrarca Herodes, a quien Juan censuraba a causa de Herodías —la mujer de su hermano— y por todos los delitos que había cometido, cometió uno más haciendo encarcelar a Juan. Todo el pueblo se hacía bautizar, y también fue bautizado Jesús. Y mientras estaba orando, se abrió el cielo. Y el Espíritu Santo descendió sobre él en forma corporal, como una paloma. Se oyó entonces una voz del cielo: "Tú eres mi Hijo muy querido, en quien tengo puesta toda mi predilección".
— Lucas 3: 15-22 (El libro del Pueblo de Dios)

Mis suegros tienen una cabaña en una isla en Lake Minnetonka, Minnesota. La única forma en la que puedes llegar es con una embarcación. El viaje en bote suele ser bastante placentero y sin incidentes. Pero cuando, recostada en mi cama la noche anterior o incluso en el auto de camino al lugar, pienso en ese momento, no puedo evitar imaginar que, cuando estoy pasando a Olivia, mi bebé, del muelle al bote, ella se resbala de mis brazos y cae al agua. O veo a Miles caer del bote y al agua cerrarse sobre su cabeza. O al bote chocar, volcarse o explotar y a mí buceando frenéticamente y buscando, pero, finalmente, mis hijos desaparecen en el gran lago negro.

Por lo general, después de atravesar ese pequeño escenario imaginario, pienso brevemente en desistir del viaje. Es demasiado arriesgado. ¿Cómo podemos llevar tan alegres a nuestros hijos a través de millas de aguas profundas y oscuras, separados del abismo infinito solo por media pulgada de fibra de vidrio? ¿Cómo podemos confiar en un dispositivo construido por el hombre, probablemente diseñado por unos palurdos amantes del agua? Jim bien puede visitar a su familia sin nosotros. Pero entonces me recuerdo que los niños tendrán puestos chalecos salvavidas y recuerdo la ingeniosa correa de la chaqueta de Olivia que se coloca entre sus piernas para que no pueda resbalarse y que, si esto sucede, está diseñada para mantenerle la cabeza erguida; y que el agua ni siquiera es tan profunda en el muelle y que nunca han perdido a un niño en las profundidades del Minnetonka, y me doy cuenta de que estoy siendo irracional y descabellada. Y me voy a dormir. O vamos y, en realidad, nunca es ni siquiera un poco atemorizante. Incluso, a veces paseamos por el abismo todo el día, haciendo deportes acuáticos.

Esto de la imaginación compulsiva terrorífica nunca me había pasado antes de tener a los niños. Si en el escenario solo estamos mi esposo y yo, puedo imaginarnos de pie en los asientos, bailando por todos lados, colgándonos del borde e incluso volcando el bote sin experimentar una pizca de miedo. Tengo tanta confianza en mi propia habilidad para nadar, que me siento casi invencible. Seguramente, Jim y yo podríamos arreglárnoslas para no ahogarnos. Pero mi imaginación apenas puede soportar la imagen de mis hijos allí, vulnerables, en el agua.

Sé muy bien que, estadísticamente, navegar el lago es tan riesgoso como llevarlos a la tienda. Pero hay algo sobre el viaje en bote a la pequeña cabaña en la minúscula isla rodeada de grandes aguas que penetra profunda, irracional e inexplicablemente en mi arquetípico pensamiento sobre el agua.

Creo que Juan el Bautista debe haberse aprovechado un poco de eso cuando iba por ahí bautizando a todo el mundo. Y la iglesia también debe haber conectado con aquello cuando, casi inmediatamente, adoptó como su rito de iniciación al bautismo por agua.

El agua es mencionada a lo largo de toda la Biblia. Limpia y purifica. Calma la sed y hace que todo cobre vida. Son lágrimas, fluyendo sin fin, llenando la tierra. Es diluvios. Es el Seol: el abismo profundo y oscuro; el infierno. Es tantas cosas hermosas y no es nada. Es bella, sanadora y realmente aterradora.

El agua no tiene forma. Es un fluido. Si tratas de sostenerla, se escurre entre tus dedos. No la puedes moldear. No puedes tironear de ella, pincharla ni darle la forma que desees. Pero, según las mitologías de muchas culturas, todo lo que tiene forma empieza a existir a partir del agua. El agua es potencialidad latente. Es lo que debería o podría ser. Está llena de potencial creador: es del agua que Dios crea algo. Pero también es la nada. Caos, Vacío, Abismo. Es preexistencia: la nada antes de que algo sea. Y es esa nada la que amenaza con disolvernos de nuevo en sí misma. Es muerte.

Es el simbolismo acuático de la mayoría de las culturas; ser inmerso en el agua es regresar al estado preformado, disolver toda forma individual. Es ser reincorporado al modo indisoluble de la preexistencia. Puede que no sea malo. Puede que no sea genial, pero, honestamente, me parece un poco aterrador, no muy en línea con lo que consideraría mis objetivos a largo plazo o mis expectativas diarias.

El agua es absolutamente esencial para la existencia. Cada civilización está construida sobre ella o por ella. La necesitamos para vivir. Nuestros mismos cuerpos físicos son algo así como setenta y cinco por ciento agua. No podemos negarlo. Es enorme. El simbolismo terrenal para el agua es vasto: vida, muerte, miedo, belleza; creativa, aterrorizante, nutritiva. Es esencial. Es redentora, pero —tal vez— no parecer ser precisamente *segura*.

El bautismo por agua. Qué ritual más salvaje. Puede parecer que no es más que mojarse la frente o sumergirse en el agua tibia de la fuente bautismal. Puede parecer normal que vistamos a nuestros bebés y los inclinemos, sonriendo; pero es un poco más provocativo que eso.

Aunque el simbolismo del agua está a lo largo de toda la Biblia (diluvios, lágrimas, fuentes de bendición, corrientes vivientes dadoras de vida sin fin, disolución, caos, la morada del gigante monstruo marino devorador), la historia de Juan el Bautista es realmente la primera mención del bautismo en la Biblia y, como si el narrador esperara que los oyentes tuvieran una idea de lo que podría ser el bautismo por agua, la historia no nos da mucha información extra.

Solo escuchamos que Juan el Bautista está en las aguas del

río Jordán, bautizando a todos. Y las personas son llevadas a él: están cautivadas. Tiene la atención de las multitudes, dice el texto. Las multitudes están aparentemente tan impresionadas por él, o por el bautismo, que se empiezan a preguntar si tal vez este bautizador sea el Mesías, el muy esperado salvador del mundo.

Me pregunto qué es exactamente lo que les impresionó de eso. En mi experiencia, el ritual generalmente no es tan cautivador. Las personas se alinean según el protocolo y esperan para presentarse por turnos. El *bautizador* dice algunas palabras y luego emplea una de dos técnicas. Las aprendí recientemente.

Puedes hundir a las personas hacia atrás. Para esto, haces que el candidato ponga sus manos juntas, pegadas al pecho, como si estuvieran orando o realizando un saludo budista. Tal vez quieras sugerirle que se tape la nariz. Puede ser algo vergonzoso para todos si le entra agua en la nariz y sale soplando mocos o jadeando. Sujétalo entre tus brazos, usa tu rodilla para mantener el equilibrio y sumergirlo. La otra técnica es poner tu mano en su cabeza y empujar. En esta última, ellos hacen la mayoría del trabajo y, a diferencia de la primera, no es como sumergir a alguien que se está resistiendo.

Para ser honesta, tal y como la mayoría de los rituales institucionalizados, por lo general no tiene ese ingrediente de una cuestión de vida o muerte. Está claro que puede ser hermoso y significativo, pero nunca he visto que haga que la gente se altere y piense que alguien es el mesías o algo por el estilo.

Así que, simplemente, me pregunto si la escena de Juan el Bautista habrá sido un poco diferente. No una cuestión donde la técnica del ritual lo es todo, sino tal vez algo más dramático. Y tenso. Y amenazante y hermoso. De vida o muerte. Tal vez todas las personas estaban en el agua y había una corriente fuerte alrededor de ellos y era difícil siquiera estar parados sin ser arrastrados al fondo. Así que se sostenían entre ellos para evitar accidentes. Las madres se aferrarían a sus hijos y Juan, con sus pelos locos y su aliento a langosta, miraría salvajemente a su alrededor. Y no habría frases hechas. Las personas no esperarían en línea. El Bautista se lanzaría al azar y agarraría a alguien y lo mantendría hundido. Tal vez un poco más de tiempo del recomendable. Y justo cuando estuviesen en pánico o necesitaran tomar algo de aire, él los levantaría.

Y tal vez era algo de lo que nunca te ibas a olvidar porque sentiste como si hubieras sobrevivido a un accidente de avión, a un choque de autos o a ahogarte. Sentiste el abismo, la preexistencia indisoluble, la nada oscura, la muerte merodeando alrededor tuyo. Pero luego, respiraste. Luego estuviste vivo. Descendiste. De hecho, te deslizaste de tu fiel chaleco salvavidas, aunque sea brevemente, y luego viste la luz.

Tal vez toda la cuestión no era para nada aburrida ni segura. Tal vez sentías que era un asunto de vida o muerte. Claro que, tal vez, no. Tal vez las personas esperaban en línea y el agua estaba calma y Juan se peinaba y se ponía una corbata para la ocasión. Tal vez todo era sofisticado, dócil y educado. Realmente no lo sé, pero lo que sí deja en claro la historia del primer bautismo es que las personas estaban impresionadas por él, este Juan el Bautista y su bautismo. Y algo los movió a pensar que tal vez era el mesías.

Pero Juan el Bautista dice: "*No, no, no;* miren, yo bautizo con agua (nada tan pequeño, insignificante, aburrido o seguro, exactamente), pero, ¿el que viene después de mí, cuyas sandalias no soy digno de desatar? Él bautiza con el Espíritu Santo. Si están impresionados con este ritual de agua, esperen a ver el bautismo que él les tiene reservado". No estoy segura de si esta porción de la Biblia es precisamente una de las más relajantes y reconfortantes. Tengo la sensación de que el bautismo no es como comer un caramelo o flotar en el Caribe mientras te rocía una pequeña y cálida lluvia de primavera. Difícilmente sea el producto de la piedad o la devoción.

Es sorprendente cómo la iglesia se las arregla para domesticar hasta las cosas más salvajes. ¿Qué sucede cuando desciendes? ¿O qué simboliza? Si algo se lava,

¿qué es? ¿Un poco de suciedad de tus manos? ¿Eso no tan agradable que hiciste ayer? Al salir del agua, ¿estamos limpios de nuestras pequeñas impurezas personales? Pienso que podría ser como lavarse de todas nuestras ilusiones; lo que pensábamos que era sólido se disuelve en el abismo.

Gastamos la mayor parte de nuestro tiempo y energía creyendo en los chalecos salvavidas que hemos elaborado con esfuerzo o en nuestra habilidad para nadar. Tal vez, el bautismo se lleva consigo la mayoría de las cosas de las que pensamos que dependían nuestras vidas, lo que sea que pensemos que nos mantiene a flote: nuestros botes, nuestros cerebros, nuestras habilidades sociales, nuestro dinero, nuestras carreras, nuestra rutina de ejercicios, nuestras armas, nuestro poder, el imperio.

Le damos una atención tan cuidadosa a la elaboración de nuestros chalecos salvavidas. Tal vez, el bautismo es como descartarlos y sumergirnos en el agua. Desnudos. Desprotegidos. Tal vez es como dejar de remar por un minuto y renunciar al esfuerzo de permanecer secos (o ser obligados a renunciar). Y, aunque sea una vez, sentir o vislumbrar —o algo— la aterrorizante, bella, dolorosa, incontrolable —realmente incontrolable— potencialidad que hay en el agua. Parece que gastamos bastante energía vistiéndonos de determinada manera, construyendo nuestras personalidades, asegurando nuestro éxito personal, asegurando que estamos preparados para lo que imaginamos que traerá el mañana, ideando el chaleco salvavidas adecuado para evitar descender a lo profundo. Creemos que *podemos* nadar. En realidad, *debemos* nadar. Y, en verdad, la vida se trata bastante de volverse bueno en esto.

Tal vez, Jesús y su santo bautismo del espíritu ni siquiera esperan a que todo eso se disuelva en el agua, pero lo quema con su fuego purificador. Nos despoja de nuestras ilusiones, nos desnuda, nos deja tan indefensos como bebés, descaradamente vulnerables. Probablemente esté equivocada en creer en mi habilidad de mantenerme a flote. Incluso no sea solo probable, sino cierto, y me estoy engañando al tener tanta confianza en mi habilidad para nadar. Esencialmente soy más como mis hijos de lo que me siento cómoda creyendo. No importa cuánta energía dedique a mantenerme a flote: todos vamos a descender a lo profundo. En algún punto, el agua se cerrará sobre nuestras cabezas. Eso es un hecho. Y ninguna media pulgada de fibra de vidrio nos mantendrá ni a mí ni a mis hijos ni a ti a salvo de esa profunda y oscura agua. No hay nada más cierto que eso.

El bautismo se enfrenta cara a cara con esto, lo abraza, lo representa y luego descarta su aparente finalidad. Niega que sea pura destrucción. Insiste en que esto no es en vano. Hay esperanza.

Juan el Bautista lo llama "un bautismo de arrepentimiento para perdón de los pecados". *Arrepentirse* significa virar completamente, ser reorientado en una dirección completamente diferente. Quizás, toda la cuestión de mantenernos a flote, pasarnos la vida construyendo nuestros botes o balsas y nuestros propios dispositivos para flotar, nos desorienta. Tal vez, ir a lo profundo nos reorienta, nos lleva a ver que nuestra vida, nuestra existencia no tiene por qué ser; realmente no se trata de nuestras embarcaciones personales ni de la confección de trajes grandiosos, seguros y protectores.

Por lo general, pasamos el día creyendo de todo corazón que nuestros chalecos salvavidas nos mantendrán a flote y que, de hecho, de eso se trata la vida: de lo que nos aleja de nuestra vulnerabilidad esencial. Tal vez, el bautismo nos libera para renunciar a evadir lo profundo, a evadirnos de la posibilidad de ahogarnos, a evadirnos de ser expuestos, siempre tan protegidos; y nos libera para deslizarnos desnudos al agua y aún tener esperanza.

Un Dios parturiento

28 de febrero de 1999: segundo domingo de Cuaresma

u

Había entre los fariseos un hombre llamado Nicodemo, que era uno de los notables entre los judíos. Fue de noche a ver a Jesús y le dijo: "Maestro, sabemos que tú has venido de parte de Dios para enseñar, porque nadie puede realizar los signos que tú haces, si Dios no está con él". Jesús le respondió: "Te aseguro que el que no renace de lo alto no puede ver el Reino de Dios". Nicodemo le preguntó: "¿Cómo un hombre puede nacer cuando ya es viejo? ¿Acaso puede entrar por segunda vez en el seno de su madre y volver a nacer?". Jesús le respondió: "Te aseguro que el que no nace del agua y del Espíritu no puede entrar en el Reino de Dios. Lo que nace de la carne es carne, lo que nace de Espíritu es espíritu. No te extrañes de que te haya dicho: 'Ustedes tienen que renacer de lo alto'. El viento sopla donde quiere: tú oyes su voz, pero no sabes de dónde viene ni a dónde va. Lo mismo sucede con todo el que ha nacido del Espíritu". "¿Cómo es posible todo esto?", le volvió a preguntar Nicodemo. Jesús le respondió: "¿Tú, que eres maestro en Israel, no sabes estas cosas? Te aseguro que nosotros hablamos de lo que sabemos y damos testimonio de lo que hemos visto, pero ustedes no aceptan nuestro testimonio. Si no creen cuando les hablo de las cosas de la tierra, ¿cómo creerán cuando les hable de las cosas del cielo? Nadie ha subido al cielo, sino el que descendió del cielo, el Hijo del hombre que está en el cielo. De la misma manera que Moisés levantó en alto la serpiente en el desierto, también es necesario que el Hijo del hombre sea levantado en alto, para que todos los que creen en él tengan Vida eterna. Sí, Dios amó tanto al mundo, que entregó a su Hijo único para que todo el que cree en él no muera, sino que tenga Vida eterna. Porque Dios no envió a su Hijo para juzgar al mundo, sino para que el mundo se salve por él. — Juan 3:1-17 (El Libro del Pueblo de Dios)

¿Sabes algo? A veces te sientas, intentas comunicar algo sobre Dios y todo lo que tienes son palabras (si es que las puedes encontrar), y la verdad es que no son muy adecuadas. Tal vez puedes apuntar en la dirección correcta, pero no darás en el blanco y lo único que obtendrás será una aproximación. Todo lo que digo falla: Dios no es luz, no es un padre o una madre ni misericordia, amor, y sabiduría. Estas son solo palabras y lo que significan nunca es la realidad total de Dios.

Realmente, lo único que tenemos son un puñado de metáforas. Y a veces esas metáforas simplemente están allí, planas y sin vida; no significan nada para ti. No digo que debamos descartarlas pero, tal vez, necesitan una inyección de imaginación.

Suelo tener problemas con la metáfora del viaje. Aunque sea muy popular y usada ampliamente —probablemente sea una de las mejores— aun así me resulta chata. Cuando las personas hablan sobre el viaje cristiano, cuando me preguntan: "¿A dónde te está guiando tu camino en este tiempo?", solo puedo pensar en la autopista 10 —que transito varias veces a la semana— o en el camino de ripio que conduce a nuestra granja. "¿Mi camino? Bueno, ha pasado un tiempo desde que construyeron el camino de ripio, ahora no está en tan buenas condiciones". La metáfora no abre nuevas formas de ver las cosas, no me revela nada.

Obviamente, esto habla de mi propia falta de imaginación. Las posibilidades para la idea del viaje son realmente interminables. Existen safaris, odiseas homéricas, *El Autobús Mágico,* y *Viaje a las Estrellas.* Y en *En el Camino,* de Jack Kerouac, están los trenes y los viajes de LSD. Tal vez no se trata simplemente de rectas, estrechamientos de calzada, ripio o pavimento. ¿Cómo es el viaje cristiano? Este texto de Juan realmente agrega a la metáfora algo de una nueva vida bastante interesante, al menos para mí.

Leyendo la historia, me parecería que Nicodemo podría estar buscando una pequeña posibilidad imaginativa. Él era fariseo, así que probablemente conocía las escrituras de principio a fin: todas las palabras, todas las metáforas escritas sobre Dios. Y sea lo que sea que se suponía que era el camino de Dios en aquel entonces, estoy segura de que él lo recorrió. Sin embargo, se siente interpelado a buscar a este nuevo hombre en el pueblo —Jesús— que ha estado recibiendo algo de atención recientemente por esta escena increíblemente disruptiva que había llevado a cabo en el templo en Pascuas (día santo, altamente importante): había peregrinos de todos lados tratando de asistir a sus viajes religiosos y Jesús comenzó a lanzar cosas por los aires, lo que arruinó todo.

Aparentemente, Nicodemo (el viejo conservador del camino de Dios) está intrigado. Busca a Jesús y le dice: "Mira, he estado pensando en ti y realizando algunas observaciones. Oí todo aquello de la paloma cuando fuiste bautizado, que convertiste el agua en vino y que tuviste agallas en el templo, y estoy empezando a deducir que tú debes ser algún tipo de maestro de Dios".

Jesús podría haber dicho: "Estás en lo cierto. Yo soy". Pero, en vez de eso, saca la alfombra de debajo de Nicodemo y lo envía a volar. Él dice: "Mira, hombre, estás yendo por el camino equivocado, esto no es matemática. Uno más uno no es igual a dos. No puedes hacer observaciones sobre mí y luego deducir quién soy. No puedes *resolver* o *calcular* toda esta cuestión de Dios. La única forma en la que puedes ver el Reino de Dios es la siguiente... Mírame bien y escucha... —está por suceder algo completamente desquiciado— Debes nacer de nuevo".

Es como, no sé, como sacar las cosas del campo del discurso racional. Eso es algo que le diría el rey de los magos a la princesa que busca un pavo dorado o un mono mágico. Es como sacado de un cuento de hadas. "Debes nacer de nuevo". Es como un acertijo. Es misterioso. Es alocado. Y es raro. Y espero que puedas oírlo. Porque sé que esto de nacer de nuevo es algo así como el camino de ripio a mi casa: estrecho, incómodo y seco.

Creo que tengo una perspectiva diferente al leerlo esta vez, porque el nacimiento ya no es tan abstracto para mí. Una vez que has dado a luz, tienes una conciencia agudizada de los detalles sorprendentes, coloridos y enredados de lo que se requiere para que alguien nazca.

Realmente, es increíble que la metáfora extraordinaria "nacer de nuevo" haya sido tan agotada hasta llegar al punto de equipararla a una decisión única, pequeña, limpia y racional que alguien toma (o no) en llamados al altar, en los campamentos de iglesia o donde sea. Es decir, ¿en serio? Estamos hablando de *dar a luz* y de *nacer*, y parece *muy diferente* a hablar de cuando tenías seis años y levantaste la mano en la escuela dominical.

Jesús dice que tienes que *nacer* de nuevo. Eso suena muy distinto a decir que tienes que tomar una decisión.

No estoy diciendo que no hay lugar para las decisiones, solo estoy diciendo que esta metáfora no parece encajar del todo.

Tal vez mi conciencia, porque soy una mujer que ha dado a luz, está un poco más del lado del que da a luz, pero, ¿cómo hicimos para convertir esta metáfora en una acción que realiza la persona que nace? ¿Quién trabaja y se esfuerza más para que algo nazca?

Cuando Jesús dice: "A menos que nazcas de nuevo no puedes ver el reino de Dios", me parece que está diciendo: "Nicodemo, tú piensas que lo tienes todo resuelto, pero en realidad ni siquiera tienes las herramientas necesarias. No tienes nada a tu disposición —ni medios racionales o irracionales, matemáticos o artísticos— que sea adecuado para el entendimiento y para poder ver a Dios. Para la humanidad, tal y como está, no hay posibilidad de ver o entrar al reino, tendrías que nacer de nuevo".

Esto podría ser el equivalente a decir: "Mira, es imposible, pequeño amigo. Olvídalo. Vete a casa". La diferencia es que Jesús dice: "No te maravilles. Mira, puede llegar a suceder. De hecho, sucede. Pero no es algo que tú puedas hacer, ni siquiera algo que puedas comprender racionalmente. Es seguro que tú no lo provocas ni lo realizas. Tú no lo pones en movimiento. Ni siquiera puedes ver hacia dónde va. Pero sopla".

El viento tiene una reputación considerable en la Biblia. En griego y en hebreo se usa la misma palabra para viento, espíritu y aliento. Es el viento el que sopla sobre el caos primordial para construir el mundo en la creación. Es el aliento de Dios que sopló en las fosas nasales de Adán para darle vida. Es el espíritu que sopló en Ezequiel a través del valle lleno de huesos secos, y los hace traquetear, les hace crecer carne y los pone de pie.

Este "nacer de nuevo" puede no parecer el escenario más probable, pero Jesús dice: "Créanme, confíen en mí, tenga fe: el viento sopla", y lo imposible pasa. De la nada, los huesos comienzan a caminar y la humanidad renace.

El autor lo dice claramente algunos párrafos antes de nuestra historia. Escribe: "Los hijos de Dios son nacidos no de sangre, ni tampoco de la voluntad de la carne, ni de la voluntad del hombre, sino de Dios". Nacidos de Dios. Me parece a mí que la profundidad de la metáfora de nacer de nuevo recae exactamente aquí. Dios nos está dando a luz. El viento está soplando, y no solo soplando, sino aullando, resoplando una y otra vez como una mujer haciendo Lamaze.[1]

Si miras bien, en la Biblia puedes encontrar todo tipo de imágenes de parto interesantes. El vientre de Dios es imaginado como el lugar donde se originó la vida: fue el

---

[1] Método de relajación para mujeres embarazadas ideado por el obstetra francés Fernand Lamaze.

vientre de Dios que dio a luz a todo el mundo en primer lugar. Hay una palabra hebrea usada para la compasión, misericordia y amor de Dios, que también puede significar *vientre*: tal vez ese es el vientre que nos dio a luz. Qué lindo vientre para que nos dé a luz.

Isaías habla de toda la complicada historia de Dios con su pueblo, la historia de la fe y de la no fe, del quebrantamiento, la ira y el perdón, como si todo el tiempo Dios fuera esta mujer que da a luz a su hijo, Israel, impaciente por librarlo, impaciente por que nazca de nuevo.

Y para más imaginería de parto: Hay una palabra hebrea para el dolor durante el proceso de traer un niño al mundo: en versiones en inglés, se traduce frecuentemente como *hacer luto*. Es lo que Dios está haciendo mientras Adán y Eva dejan el Jardín del Edén. Está en duelo, sintiendo dolores de parto por estos niños. Imagínalo: ¿Y si los dolores de parto estuviesen empezando por aquellos tiempos? No creo que, para Dios, dar a luz a la humanidad (de nuevo) sea exactamente un pícnic. Imagínate a ti mismo con trabajo de parto durante diez mil años para dar a luz a tus hijos.

Parece que persiste el imaginario popular de pensar a Dios como alguna clase de hombre noble estoico en el cielo. Algún tipo de medidor cósmico y único de justicia. El patriarca impasible que exige un tipo específico de acciones antes de permitir a las personas cualquier tipo de intimidad, antes de permitir que las personas estén cerca de él. Pero la escritura nos ofrece una imagen completamente diferente. Dios dándonos a luz. Esa clase de intimidad desde el principio.

A menudo, esta historia sobre nacer de nuevo ha sido reducida a un requerimiento que debemos cumplir para no ser condenados para siempre. Eso está distorsionado. Pienso que, en esta historia, Jesús está tratando de decirnos que es parte de la labor de Dios para nosotros, con nosotros; que Dios se hizo humano, vivió y murió en la cruz, y a través de este proceso que involucra el sufrimiento, la humillación y el dolor de Dios, la humanidad nace de nuevo. Y él nos invita a creer en esto. Es el proceso de dar a luz. En la vida, muerte y resurrección de Jesús, Dios trae vida al mundo. Dios pare niños.

Quizás, nuestra imagen de Dios sería más rica si dejásemos de pensar en él como alguien impasible, estoico —como un anciano en un trono— e imaginásemos una mujer embarazada, caminando como un pato y llorando, gritando de vez en cuando, con dolores de parto, a veces enojada, a veces torturada, dando a luz a sus hijos.

¿Cómo es para el que nace? ¿Cómo es para nosotros? ¿Cómo es la salvación? Tal vez como nacer. Tal vez no se parece mucho a estar en el vientre. El vientre está calentito, oscuro, suave y cómodo. Estás muy bien aislado. Muy bien protegido del mundo exterior. No tan vulnerable. Cada una de tus necesidades es satisfecha inmediatamente. Ni siquiera tienes que mover la boca para obtener comida. Cada deseo es gratificado al instante. No hay dolor.

Luego, naces. Las cosas cambian. Inmediatamente, te pinchan y te tocan cosas afiladas. Puedes sentir frío y de repente es posible que no seas alimentado exactamente en el momento en que lo deseas. Lloras por primera vez.

Mi hijo Miles tenía aproximadamente cuatro años cuando yo estaba embarazada de Olivia. Cierto día, me dijo: "Desearía estar todavía en tu barriga porque nadie podría enojarse conmigo". Además de sentirme en *shock* porque algo así había salido de su boca, de sentirme una perversa ogra malvada y de sentirme apuñalada por mil espadas, sentí que deseaba con todas mis fuerzas recrear el útero solo para él. Aislarlo de la posibilidad de dolor.

Quería decirle: "Oh, Miles, nunca volveré a enojarme contigo y nadie más lo hará si puedo evitarlo, y eliminaré todas las toxinas de tu entorno, desmantelaré todas las bombas nucleares, crearé la paz mundial y detendré el calentamiento global". Pero la verdad es que no puedo. Y ni siquiera desearía que estuviera en el útero. Me gusta mucho hablar con él. Me gusta relacionarme con él como algo más que un feto rebotando dentro de mí.

A veces imagino que la salvación es la eliminación de la posibilidad del dolor y el sufrimiento. Pero eso *no* es para nada lo que implica nacer. Tan pronto como empezamos ese viaje por el canal de parto, nos volvemos vulnerables a todo tipo de cosas increíbles, atemorizantes, bellas, horribles, tristes y sorprendentes.

Siento que este "nacer de vuelta" nos da un vistazo genial de cómo podría ser el viaje cristiano, la ruta de la salvación, la "caminata": como estar naciendo. No como hacer todas las cosas correctas, caminar de cierto modo, en línea recta, con una soga ajustada, controlando cuidadosamente nuestros pies, atentos a nuestro propio camino, en un viaje que requiere de un mapa y nuestra habilidad de leerlo.

Tal vez estamos naciendo. De nuevo. Tal vez el espíritu se mueve y sopla de verdad. Quizás está sucediendo alrededor de todos nosotros, todo el tiempo. Tal vez Dios está salvando al mundo. Tal vez hay gemidos, sangre y dolor en el proceso de parto y tal vez no se siente como estar en el útero. Y tal vez no siempre es una brisa cálida, pero gracias a Dios por el aliento, por la vida y por soportar el trabajo de parto.

Una metáfora potencialmente repugnante

4 de febrero de 2001: quinto día de Epifanía

u

En una oportunidad, la multitud se amontonaba alrededor de Jesús para escuchar la Palabra de Dios, y él estaba de pie a la orilla del lago de Genesaret. Desde allí vio dos barcas junto a la orilla del lago; los pescadores habían bajado y estaban limpiando las redes. Jesús subió a una de las barcas, que era de Simón, y le pidió que se apartara un poco de la orilla; después se sentó, y enseñaba a la multitud desde la barca. Cuando terminó de hablar, dijo a Simón: "Navega mar adentro, y echen las redes". Simón le respondió: "Maestro, hemos trabajado la noche entera y no hemos sacado nada, pero si tú lo dices, echaré las redes". Así lo hicieron, y sacaron tal cantidad de peces, que las redes estaban a punto de romperse. Entonces hicieron señas a los compañeros de la otra barca para que fueran a ayudarlos. Ellos acudieron, y llenaron tanto las dos barcas, que casi se hundían. Al ver esto, Simón Pedro se echó a los pies de Jesús y le dijo: "Aléjate de mí, Señor, porque soy un pecador". El temor se había apoderado de él y de los que lo acompañaban, por la cantidad de peces que habían recogido; y lo mismo les pasaba a Santiago y a Juan, hijos de Zebedeo, compañeros de Simón. Pero Jesús dijo a Simón: "No temas, de ahora en adelante serás pes-

cador de hombres". Ellos atracaron las barcas a la orilla y, abandonándolo todo, lo siguieron. —Lucas 5:1-11 (El Libro del Pueblo de Dios)

Muchas de las canciones inolvidables para niños involucran movimientos de manos. Por ejemplo, "Incy Wincy Araña", "Soy una tetera", "Estrellita dónde estás". Para la subcultura evangélica de mi generación, estaba "Los haré pescadores de hombres… pescadores de hombres, pescadores de hombres. Los haré pescadores de hombres, si me siguen". Y tú la cantabas, echabas tu línea imaginaria y luego la enrollabas. La echabas, la enrollabas. He estado perturbada durante casi veinticuatro horas seguidas con esta canción, que salió del texto de esta noche, que se me está pasando por la cabeza incluso ahora, y que comenzó a parecerme el concepto más extraño del mundo para poner en la boca de los niños.

No soy una creyente que necesite purgar el mundo de nuestros hijos de cada pequeña sugestión simbólica que existe de la oscuridad. Creo que hay un lugar legítimo en el mundo mítico para Zurg, Mojo Jojo y Overcat,[1a] verdaderos chicos malos. Pero creo que podría ser buena idea no promover inconscientemente una potencial metáfora repugnante sin reconocer algunas de sus cualidades más

---

1 Personajes de ficción, antagonistas en *Toy Story*, *Las Chicas Superpoderosas* y *Underdog*, respectivamente. (N. del T.)

oscuras. Como la de pescar hombres. Piensa en los detalles gráficos. A menudo, el poder de una metáfora está precisamente en sus detalles gráficos. Lanzas y enganchas un pez. Se retuerce y gira, luchando desesperadamente por su vida. Un pez nunca sale del agua sin luchar, ni siquiera si estás pescando ingeniosamente con mosca en un arroyo remoto y sereno. ¿Y que hay de los pescadores deportivos? Perforan la carne de los pequeños peces con un anzuelo afilado y los arrastran hasta su muerte.

Imagina que estás pescando o atrapando humanos. Imaginen que su hijo de cinco años juega a que está pescando gente: arroja la línea, engancha a un compañero del jardín y lo arrastra hasta la orilla con el anzuelo atravesado en los labios. Es repugnante. Probablemente, los niños lo amen. Los niños siempre parecen amar cualquier cosa que sugiera peleas, sangre y tripas. Tal vez, a los niños de todas partes siempre les ha gustado la canción de pescar hombres porque la visualizan de maneras que horrorizarían a sus maestros de escuela dominical.

No estoy diciendo que la canción sea mala. Tal vez sea genial, pero con todo el potencial tenebroso de un cuento popular sombrío. De todos modos, creo que sería bueno reconocer que existe la oscuridad en vez de, digamos, esperar que los niños sonrían dulcemente mientras lanzan y enrollan y simulan pescar humanos.

Parece que, muy a menudo, tal vez por familiaridad o

domesticación, este tipo de imágenes bíblicas nos pasan por al lado sin alarmarnos por su fuerza. Y creo que hay algo que debe decirse sobre esto. Tal vez fuéramos más propensos a ser sacudidos de nuestro letargo si escucháramos, en nuestras canciones sobre historias bíblicas —o en la Biblia misma—, algunas de sus armonías desconocidas, texturas cambiantes, su profusa y abundante pluralidad de notas, su cacofonía, sus tensiones y contradicciones y ambigüedades, en lugar de una melodía que hemos llegado a conocer y amar.

Casi todo lo que encuentras en el Nuevo Testamento tiene algún tipo de trasfondo en el Antiguo Testamento, que claramente eran las Escrituras del momento. Y, a menudo, es un buen lugar para ir a escuchar una nota discordante o menos familiar. Allí encontrarás pescadores de hombres. En Jeremías, son enviados a buscar en cada fisura, grieta y pequeña piscina donde los peces pequeños impenitentes podrían tratar de esconderse. Los pescadores deben atraparlos y exponerlos en todas sus formas contaminadas, idólatras y abominables. Amós dice que Dios pescará hasta al último de los que oprimen al pobre, que aplastan al necesitado y que arrastrará a esos opresores con anzuelos.

Creo que fue en algún momento de la medianoche de ayer que empecé a escuchar esa vieja canción de pescadores de hombres, pero con estas nuevas palabras: "Dios arrastrará a los opresores, a los opresores, a los opresores. Dios arrastrará a los opresores, y los encontrará donde quiera que se escondan". Es oscura, pero pegadiza.

Usualmente, las personas se quedan con una simple fórmula del texto de Lucas: ser un discípulo de Jesús es ser un pescador de hombres. Como si "pescar humanos" fuera un buen modelo para el discipulado. Creo que no estaría siendo una buena lectura de la historia. Es extraer un *modelo* para el discipulado de una metáfora muy extraña, que dudo que estuviera pensada con ese fin.

Hay cierta cepa del evangelismo que se ha aprovechado con entusiasmo de esta metáfora sin la ironía, ambigüedad o complejidad (humor, incluso) que podrían ser apropiadas para ella. Hay toda una historia de avivamiento[2] americano que tiene cierto cariz deportivo, una aparente competencia de machos que buscan sacar peces del agua. Billy Sunday[3] se quita la chaqueta, se arremanga y recorre el escenario como un cazador o un pescador que ha perfeccionado sus habilidades, sus técnicas y su experiencia y está decidido a extraer un pez impresionante, pesado y enorme. No escucho la canción de Billy Sunday en esta historia de Lucas, por más horrible que pudiera ser.

---

2 Durante el siglo XVIII, Inglaterra vio una serie de campañas de avivamiento metodista que hicieron hincapié en los principios de la fe establecidos por John Wesley, y que se realizaron con una estrategia cuidadosa. Además de insistir en que el evangelismo era una combinación de "Biblia, cruz, conversión, y activismo", el avivamiento del siglo XIX hizo esfuerzos para atraer universalmente a ricos y pobres, habitantes urbanos y rurales, hombres y mujeres. (N. del T.)

3 William Ashley Sunday. Predicador cristiano nacido en Iowa, Estados Unidos, el 19 de noviembre de 1862. Les predicó a más de cien millones de personas durante el curso de su vida. (N. del T.)

Si hay algo que queda claro en Lucas, es que la misión en la que Jesús se embarca es de liberación. Liberación de las fuerzas que alienan a la humanidad entre sí, con Dios y con la creación; de las cajas que oprimen, separan y ciegan. Así que la misión de los seguidores de Jesús, los discípulos y la iglesia seguramente tendrá ese carácter liberador.

Bueno, pescar es *atrapar*, lo cual es directamente opuesto a *liberar*.

¿Dónde está la liberación? ¿Qué es liberar? ¿Hay alguna liberación en este pasaje? En realidad, Jesús no se postula para ir de pesca en la historia. Lo que sucede es que las personas, en el deseo de escuchar la palabra de Dios con urgencia (tal vez, en busca de liberación) lo presionan tanto, que lo terminan empujando contra el mar. Él ve un bote y piensa en hablar desde ahí. Resulta ser el bote de Simón. Parece que no hay nada especial en Simón o su barco, simplemente, coinciden ahí porque sí.

Pero cuando Jesús cesa de hablar la Palabra de Dios (la palabra de liberación, de libertad) a la multitud, le dice a Simón: "Ve mar adentro y suelta las redes para pescar". *Ve mar adentro y suelta las redes para pescar.*

Ahora, eso suena provocativo. Recuerda que en la Biblia (y en todo tipo de literatura antigua) lo profundo es todo lo que nos amenaza: oscuridad, muerte, caos, inseguridad e incluso, en un uso totalmente contemporáneo, la profundidad casi siempre se refiere a lo misterioso, lo desconocido, lo que no podemos ver fácilmente o generalmente no vemos.

¿Qué hay acerca de la siguiente variación interesante en el tema? Los psicoanalistas posmodernos se refieren a nuestro inconsciente como una red en el fondo del agua que se encontrará con una captura de pescado. ¿Qué hay de esta otra? Algunos académicos contemporáneos hablan de la revelación como una red de pesca que arrastra las profundidades de nuestro ser, del ser mismo. En el fondo de la red, dicen, una gran cantidad de pescados será capturada.

Simón está bastante seguro de que no hay nada, ningún pescado, para atrapar. En lo que a él respecta, ha estado pescando por mucho tiempo y las redes siguen volviendo vacías. Pero cuando habla Jesús, Pedro —a pesar de lo que normalmente tendría sentido para él, a pesar de lo que para él sería ser prudente profesionalmente— es instado a soltar sus redes en lo profundo.

El resultado es bastante traumático para él, como de ensueño, milagroso (o de pesadilla). Es difícil distinguir. Hay tantos peces. ¿Una encantadora, deliciosa y generosa abundancia? ¿Una maraña que se desliza, retorciéndose? ¿Hermosa, aterradora o ambas? El texto sugiere claramente un elemento de peligro. Esta captura absurdamente fecunda y enorme de peces amenaza con hundir el bote.

Obviamente, Simón está perturbado en gran manera por lo que salió de las profundidades.

Algunos comentaristas desde este texto bíblico leen la historia muy literal y racionalmente tal y como el intento de Lucas por explicar plausiblemente por qué Simón y los discípulos seguirían a Jesús. Todo es tan fácil de explicar. Jesús los impresiona con una recolección de muchos peces. Así que abandonan a sus familias y sus hogares, sus vidas, sus carreras y todo lo que alguna vez tuvieron, para seguirlo. De alguna manera, creo que es posible que haya habido un poco más de crisis involucrada.

"Cuando Simón Pedro lo *vio*, cayó de rodillas ante Jesús y dijo: 'Apartarte de mí, porque soy un hombre pecador'". ¿Qué vio? ¿Muchos peces? ¿O quizás todo lo que alguna vez temió, retorciéndose en el fondo del barco? ¿Vio lo más desagradable de su ser, sacado a la luz? ¿Misterios revelados? ¿Muerte? ¿Caos? ¿Incertidumbre? ¿Las profundidades de quién era, de quiénes somos? ¿Las profundidades de la humanidad o de su propio ser? Lo que sea, estaba ahí, extendido por todo el bote. Este pantano que se había deslizado desde las profundidades y Jesús (Dios encarnado) se sienta en él.

Creo que es legítimo imaginarte en el lugar de Simón por un momento. Jesús en el mismo barco que tú, al lado tuyo, sentado sobre tus peces: lo que se ha sacado del lugar más oscuro y aterrador que nadie haya imaginado: hasta las rodillas de sardinas, bagres en su regazo, huellas de las profundidades (sus profundidades); el olor a pescado en sus manos. Los dos están a punto de ser sepultados por esta captura increíblemente grande.

Simón parece tener una crisis absoluta. No sé si lo puedes culpar. Jesús ha traído todos estos "peces", al lugar pequeño y cómodo donde estaban sentados, en el bote del pescador. "Apártate de mí". Esa es la respuesta de Pedro. Pienso que mi respuesta podría ser: "Por favor. Déjame. Esto es una locura".

Pero Jesús dice: "No tengas miedo". Esa es su respuesta. Él no tiene miedo. No está horrorizado. No está enojado. Se anticipa. Lo ha visto todo antes (y antes y antes). Todos esos "peces": truchas, medusas, anguilas, grandes cangrejos, tiburones, serpientes y cualquier cosa que alguien pueda sacar de lo profundo.

El hecho de que todo lo escondido será revelado es un tema penetrante a lo largo de toda la Biblia. La oscuridad toda vendrá a la luz. Lo que está oculto será revelado. Qué aseveración más alarmante. Parece una perspectiva aterradora. *Tal vez* se revele una belleza indescriptible, pero también existe toda la oscuridad, la vulnerabilidad, las necesidades más profundas de todos, lo que no podemos enfrentar o siquiera dar a conocer. ¿Quién no lo resiste, pretende esconderse de eso o lo niega?

Pero tal vez la historia de Jesús (Dios encarnado) es que Dios se puso a sí mismo en nuestro bote. Dios mira todo eso y nos ama, así, con las profundidades de nuestro ser: ama las profundidades del ser mismo. Dios mira todo a lo que le tenemos miedo y dice "no teman". Tal vez es la razón por la que Simón dejó todo para seguir a Jesús. Quizás eso es lo que nos libera de las fuerzas de la alienación y la separación, la excomunión, el extrañamiento, el odio, la división, y la exclusión. No tengas miedo. Se puede revelar todo tipo de oscuridad; aun así, no supera a la luz.

Un Dios que duerme

22 de junio de 1996: quinto domingo de Pentecostés

u

Al atardecer de ese mismo día, les dijo: "Crucemos a la otra orilla». Ellos, dejando a la multitud, lo llevaron a la barca, así como estaba. Había otras barcas junto a la suya. Entonces se desató un fuerte vendaval, y las olas entraban en la barca, que se iba llenando de agua. Jesús estaba en la popa, durmiendo sobre el cabezal. Lo despertaron y le dijeron: "¡Maestro! ¿No te importa que nos ahoguemos?". Despertándose, él increpó al viento y dijo al mar: "¡Silencio! ¡Cállate!". El viento se aplacó y sobrevino una gran calma. Después les dijo: "¿Por qué tienen miedo? ¿Cómo no tienen fe?". Entonces quedaron atemorizados y se decían unos a otros: "¿Quién es este, que hasta el viento y el mar le obedecen?". —Marcos 4: 35-41 (El Libro del Pueblo de Dios)

El Señor respondió a Job desde la tempestad, diciendo: "¿Quién es ese que oscurece mi designio con palabras desprovistas de sentido? ¡Ajústate el cinturón como un guerrero: yo te preguntaré, y tú me instruirás! ¿Dónde estabas cuando yo fundaba la tierra? Indícalo, si eres capaz de entender. Quién fijó sus medidas? ¿Lo sabes acaso? ¿Quién tendió sobre ella la cuerda para medir? ¿Sobre qué fueron hundidos sus pilares o quién asentó su piedra angular, mientras los astros de la mañana cantaban a coro y aclamaban todos los hijos de Dios? ¿Quién encerró con dos puertas al mar, cuando él salía a borbotones del seno materno, cuando le puse una nube por vestido y por pañales, densos nubarrones? Yo tracé un límite alrededor de él, le puse cerrojos y puertas, y le dije: "Llegarás hasta aquí y no pasarás; aquí se quebrará la soberbia de tus olas". —*Job 38: 1-11 (El Libro del Pueblo de Dios)*

Si en algún momento me siento apabullada por la tormenta, vencida, con inseguridad radical, ansiedad y miedo irracional, generalmente es en medio de la noche. Usualmente, el detonante del ataque es un misterio —a menudo— mundano. Probablemente, tenga algo que ver con la mortalidad humana, pero puede que no sea más que pensar en el espacio descuidado debajo del fregadero, que se está llenando de moho y ratones.

Tal vez, solo sea la sensación de que mi vida está girando fuera de control; tal vez, antes de ir a la cama, leí algún artículo sobre los microorganismos mutantes resistentes a los medicamentos, que pasan de los pollos a las personas en China y, en lugar de ser dulcemente arrastrada por el sueño cuando cierro los ojos, empiezo a hacer un extenso inventario mental de con quién ha entrado en contacto Miles, mi hijo de dos años (en, digamos, los últimos dos años) y si es posible que haya tenido contacto con algún criador de pollos chino.

A menudo, mis ansiedades nocturnas parecen tener que ver con carcinógenos y todo lo concerniente a ellos, así que no me lleva mucho tiempo desarrollar una ansiedad considerable sobre lo que le hemos hecho, imprudentemente, al medio ambiente. Y me preocupo de lo que les va a suceder a nuestras hormonas, a nuestros pulmones y al mundo y, a las 3 de la mañana, sintiéndome y actuando como Woody Allen, me convenzo de que tengo cáncer.

Obviamente, no me detengo ahí; ese es solo el comienzo de una larga historia de miedo. Me imagino el color del consultorio de la doctora y cómo suena su voz cuando dice: "Debbie, tu tumor es maligno"; y cuán terrible será la quimioterapia; y si voy a afeitarme la cabeza o usar algún sombrero raro; y si tal vez debería intentar con medicina alternativa en vez de quimioterapia; y cuán atemorizante es tener que enfrentar la muerte de esta manera; y si Jim se volverá a casar y con quién —espero que sí, pero no tan pronto—, entonces me pregunto si conozco a alguien que pudiera ser una buena madre para Miles y si existe alguna forma en que pueda dejar todo esto arreglado de inmediato. Estoy terriblemente asustada.

Inevitablemente, Jim, mi esposo, está profundamente dormido y es ajeno a la tormenta. Trato de suspirar fuerte, mirándolo intensamente. Susurro: "Jim, ¿estás despierto?".

No lo está. A las 3 de la mañana, cuando experimentas el colmo de la inseguridad y la angustia humanas, un compañero dormido es una indicación muy dolorosa de lo completamente sola que estás. Pareciera que, muy a menudo, las personas que amo y de las que dependo están durmiendo en mi mayor momento de necesidad.

Esta es una pequeña historia graciosa del evangelio de Marcos: los discípulos se enfrentan a la muerte. Aquel que se supone que debe cuidarlos duerme. Claro, su tormenta es real, no son las cavilaciones paranoicas de una hipocondríaca con insomnio. Ellos tienen muy buena evidencia concreta y razones físicas para creer que su muerte podría ser inminente. Muchos de ellos eran pescadores, después de todo. No eran unos chicos amantes de la ciudad asustados de una tormenta menor. Tenían mucha experiencia en el mar, y se dieron cuenta de que se iban a hundir. Esta era una tormenta recia.

En un momento de terror, le gritan a su líder, que está profundamente dormido: "¡¿No te importamos?!". Realmente, me resulta un tanto difícil imaginarlo. Dormir parece un indicativo de despreocupación. ¿Cómo es siquiera posible que eso suceda mientras estás en algún tipo de bote pequeño? Era obvio que no tenían un bote a motor, sino más probablemente un velero. Me imagino que se inclina bastante hacia adelante y hacia atrás, vadeándose, como lo hacen los veleros, de modo que una persona tendría que aferrarse si no quisiera deslizarse y caerse de inmediato. Y la historia dice "que las olas golpeaban el bote". Toda la escena debió haber sido muy húmeda, ruidosa y caótica.

¿De verdad Jesús podría dormir, rodando de un lado a otro, con olas chocando contra el barco y agua salpicándolo? Es una imagen absurda. Cuando leo esta historia no me parece el "evento sorprendente en el que Jesús calma el mar", sino el cuento absurdo del dios que duerme en una tormenta. ¿Quién es este? Un Mesías que duerme en un caos estruendoso; no un guerrero vigilante (al menos no en esta historia), sino un dormilón relajado.

¿Entonces, quién es este? es la pregunta que hacen los discípulos en la historia, y no se les responde. Marcos recurre bastante a este recurso en su evangelio: hace muchas más preguntas de las que contesta. Quizás, él cree que a veces las preguntas son más importantes que las respuestas. Quizás las preguntas impulsan al lector a responder. En cierto modo, las declaraciones cortan las cosas: terminan con un punto. Si hago una declaración, puedes escuchar y luego voltear e irte. Pero las preguntas implican relacionarse: necesitan que el oyente se comprometa y responda. Tal vez, Marcos escribe con preguntas porque vivir la vida con Dios, con un ser viviente, se trata más de hacer preguntas que de conocer las respuestas.

¿Quién es este? Las implicaciones de la pregunta que leemos en la historia del evangelio son realmente impor-

tantes. Suponen que las personas que creen que conocen a Jesús, incluso las personas que se convierten en discípulos, pueden encontrarse con que él les es poco familiar.

La lectura de Job, comparada con la lectura de Marcos que tenemos en nuestro leccionario las iglesias confesionales, tiene preguntas con implicaciones similares. Dios le pregunta a Job: "¿Dónde estabas cuando puse los cimientos de la tierra? Vamos, dime, si tienes entendimiento…". Creo que es algo sarcástico. Dios le está preguntando: *"¿Quién eres, que piensas que conoces todas las respuestas? ¿Realmente piensas que comprendes a Dios?"*. Creo que está bastante claro que no lo hacemos, ni jamás lo podremos tener todo resuelto. Pero, tal vez, la meta no es arribar a una respuesta. Tal vez la meta es seguir haciendo preguntas.

El mar ocupa un lugar destacado en ambos textos. Es el símbolo arquetípico de las fuerzas que amenazan a la humanidad, la morada del caos, el símbolo primitivo de la muerte, el abismo cósmico, el lugar donde moran los monstruos antiguos, los devoradores; el lugar de la inseguridad radical. El mar es una pesadilla para los propensos a la ansiedad; para Woody Allen, el pavor de los insomnes.

En casi todos los mitos antiguos, los dioses luchan contra el mar. Conquistan violentamente a los grandes monstruos que lo habitan. Aquí sucede algo de eso, pero lo que me resulta notable es que en ninguno de los dos textos se establece a las fuerzas del mar y de Dios como archienemigos. El pasaje en Job dice que Dios mantiene el mar bajo control (cierra el mar con puertas).

El imaginario que el escritor usa es casi como si el mar fuera el hijo de Dios. El pasaje dice que *el mar brota del útero*, y que *Dios hace de las nubes su manto y de la densa oscuridad sus pañales*. Es casi como si Dios vistiera a un recién nacido.

El texto dice que prescribe límites para el mar y que *hasta aquí llegarás, y no más*. Suena casi paternal: "Puedes jugar en el patio… pero no cruces la línea". No parece que el mar fuera muy amenazante para Dios ni una realidad monstruosa a punto de devorarlo. Ni siquiera suena como si fuera un enemigo.

Lo que se resalta frecuentemente sobre la historia de Marcos es que Jesús es el victorioso en la lucha contra el caos. Él calma la tormenta. Y eso es lo que parece impresionar a los discípulos. Me impresiona. Básicamente, es lo que quiero: al caos derrotado. Pero, tal vez, Jesús durmiendo en la tormenta indica que está más relajado con este llamado *enemigo* que nosotros.

Quizás pensamos que tenemos una idea bastante clara sobre este enemigo, sobre la amenaza que constituye. Quizás esperamos que el evangelio nos exhorte a estar siempre alertas contra este peligro o que nos prometa rescatarnos. Quizás esperamos que Jesús se ajuste al símbolo paradigmático del guerrero vigilante que doma a la bestia. No creo que esperemos una historia sobre un tipo relajado que ronca en medio del caos. *¿Quién es este?*

En los comentarios, leo que el milagro aquí, claramente, es el rescate de los discípulos de las manos del caos, pero me pregunto si lo realmente milagroso, incomprensible, misterioso —el maravilloso milagro— no es que Jesús haya dormido en medio de la tormenta. Ni siquiera este terror, este abismo arquetípico lleno de todos los miedos, inseguridades e incertidumbres de la humanidad lo perturban. Él dormía durante su furia.

Tal vez, Jesús dormido en la tormenta nos permite vislumbrar cómo luce la fe. Tal vez, a veces luce más como el sueño que como la vigilia: la paz certera e increíble de que Dios va a proveer todo lo que necesites. Un modo de estar tan completamente a salvo, sin amenazas, totalmente seguro, con plena fe en Dios como creador y sustentador de todo, con la total confianza en que Dios hará bien las cosas. Tal vez, la fe podría significar una relajación tan profunda, que uno podría dormir mientras atraviesa una tormenta.

Es posible que esta sea la fe que los discípulos no tuvieron en el bote durante la tormenta. En esta historia en particular, no pareciera que su principal falta de fe estuviese en la habilidad de Jesús para hacer algo con respecto a la tormenta. Al contrario: parece que ellos esperaban que él actuara. Después de todo, para eso lo despiertan. Le dicen:

"¡Despierta! ¡Haz algo!". Tal vez Jesús pregunta: "¿No tienen fe?" porque ellos no compartían su descanso.

Tal vez no es tanto: *¿Qué? ¿No tienen fe? ¿Piensan que voy a permitir que se hundan hasta el fondo del mar? Claro que voy a solucionar esto, gente sin fe.* Sino más como: *¿Qué? ¿No tienen fe? ¿Creen que si la tormenta los golpea y se hunden hasta el fondo, no estaría allí? ¿Creen que tienen algo que temer? ¿Creen que, si se ahogaran, no los abrazaría hasta el fondo?*

En el pasaje de Job, Dios habla desde el torbellino, el caos, el abismo. Afirma haber caminado en los abismos más profundos del mar. Tal vez, Jesús puede dormir durante la tormenta iracunda porque él está acostumbrado a moverse en el caos. Tal vez, él puede dormir durante la tormenta porque está acostumbrado a las olas que lo envuelven. No es ajeno a las profundidades. Ahogarse no es ninguna amenaza.

Si el enemigo definitivo de Dios es el caos, entonces, no sé, me parece que Dios está perdiendo la batalla.

Tengo un niño de dos años. Cada vez que apilo un bloque encima del otro, él los derriba. Presento la comida cuidadosamente en su plato: él la mastica, la escupe y la tira al suelo. El caos define mi vida. Parece que define al mundo.

Controlamos tan poco. Y nuestros fervientes intentos por manejar las cosas a veces pueden ayudar a las personas, pero a menudo destrozan todo. Creo en la organización. Supongo que no puedes vivir sin intentarlo, pero resulta que no puedes mantener el desorden a raya para siempre, ni siquiera por un tiempo. Esto parece cierto ya sea que estés organizando sindicatos o una idea para terminar con la pobreza, ya sea que estés tratando de supervisar lo que pasa en el bosque o en el Golfo Pérsico. Algunos desastres pueden ser feos y mortales (puede haber efectos secundarios imprevistos, puede haber virus resistentes a los medicamentos), otros pueden ser bellos y creativos; pero me temo que si Jesús no desciende al caos primordial, nunca va a llegar hasta nosotros. Hasta este universo. Realmente no creo que la fe que Jesús atestigua mientras duerme en el barco, en la tormenta, sea la fe de que todos siempre seremos rescatados del caos, la incertidumbre y la profundidad. Creo que llega más allá: alcanza las profundidades.

Creo que la esperanza que la fe promete es que tu bote se puede destrozar en mil pedazos y aun así estarías bien. Te puedes ahogar en la tormenta y estarías bien. No hay ningún lugar al que puedas ir, ninguna cosa que puedas ser, nada que pueda pasar, que esté más allá del alcance de Dios.

Si Jesús viniera a mí en medio de la ansiedad insomne e

hipocondríaca y preguntara: "¿Por qué tienes miedo? ¿No tienes fe?", tendría que contestar: "Bueno, supongo que no. De lo contrario estaría durmiendo. No puedo dormir. Tengo miedo de la tormenta. Tengo miedo de que mi bote se rompa en millones de pedazos. Tengo miedo de ahogarme".

Parte de lo que encuentro tan esperanzador en este pasaje es que Jesús no golpea a los discípulos en la cabeza por tener miedo, no los abandona por ser cobardes sin fe. Más bien, calma la tormenta. Tal vez sabe que no es realmente una amenaza, pero no es tan orgulloso como para hacerles sentir miedo adrede con el fin de enseñarles algo de esa forma, justo en ese momento.

Creo que la fe que deja dormir a Jesús debe ser muy honda y esperanzada: no atada a aguas poco profundas y a una brisa suave, sino una que se extiende a través de toda tormenta, hasta cada bote que alguna vez ha volcado y cada navegante que se hundió hasta el fondo del mar.

Creo que la fe que deja dormir a Jesús es la que cree que Dios va mucho más allá de nosotros: aun si nuestro bote está destruido, si nos estamos ahogando o si, como los discípulos, no tenemos fe. La historia no me pide como requisito que aprenda a dormir en la tormenta mientras el bote me mueve de un lado a otro y el agua me golpea. Es una locura. Nunca podría hacerlo.

La historia es sobre Jesús durmiendo. La historia apunta hacia mí en mi insomnio; no hacia técnicas de meditación o grabaciones de sonidos oceánicos, no hacia alguna amenaza de que si no me relajo, estaré perdida. La historia señala a Jesús, cuyo dormir atestigua una promesa; a un Dios que llega más allá de lo que yo puedo comprender, para estar con nosotros. Apunta a un Dios que se convierte en un bebé vulnerable, sufre una muerte dolorosa, camina en los abismos, puede recorrer toda distancia y profundidad, no necesariamente para levantarnos, sino para caminar con nosotros. Espero, más allá de cuánta fe nos falte, que, de alguna manera, por alguna vía, podamos andar en paz, sabiendo que Dios está con nosotros.

Un Dios que se moja

20 de julio de 1977: décimo domingo de Pentecostés

u

En seguida, Jesús obligó a sus discípulos a que subieran a la barca y lo precedieran en la otra orilla, hacia Betsaida, mientras él despedía a la multitud. Una vez que los despidió, se retiró a la montaña para orar. Al caer la tarde, la barca estaba en medio del mar y él permanecía solo en tierra. Al ver que remaban muy penosamente, porque tenían viento en contra, cerca de la madrugada fue hacia ellos caminando sobre el mar, e hizo como si pasara de largo. Ellos, al verlo caminar sobre el mar, pensaron que era un fantasma y se pusieron a gritar, porque todos lo habían visto y estaban sobresaltados. Pero él les habló enseguida y les dijo: "Tranquilícense, soy yo; no teman". Luego subió a la barca con ellos y el viento se calmó. Así llegaron al colmo de su estupor, porque no habían comprendido el milagro de los panes y su mente estaba enceguecida. —Marcos 6:45-52 (El Libro del Pueblo de Dios)

He sido ministra en la iglesia cristiana durante muchos años hasta hoy y todavía encuentro un poco vergonzoso hablar de Jesús fuera del contexto de un sermón. Una cosa es hablar de Dios. Nadie se encoge de hombros cuando hablas de "espíritu" y "alma". Pero, ¿de Jesús en carne y hueso? Ahí sí la gente se incomoda.

Obviamente, no habría cristianismo sin Cristo; sin embargo, toda la cuestión parecería mucho más plausible si pudieras mantener las cosas un poco más abstractas y banales. Jesús es tan específico. Tan poco realista. Es casi ofensivo.

¿Y Jesús caminando sobre el agua? No solo es improbable, sino que yo, personalmente, no lo describiría como asombroso. De algún modo, es raro y no muy fantástico. Parece de feria itinerante más que del *Cirque du Soleil*. Algunas luces parpadeantes, algodón de azúcar viejo y un tráiler de mala muerte con letras chillonas en el lateral: "¡Vean a la vaca con dos cabezas! ¡Al increíble lagarto humano! ¡Al hombre que camina sobre el agua! ¡Véanlo todo por un dólar!".

La historia es más extraña que impresionante. Un espectáculo secundario extravagante, no el evento principal. Hay algo impotente en ello. Jesús camina sobre el agua. No vuela como Superman. No tiene supervisión, rayos ni se eleva. No es un heroísmo directo. Cuando leo esta historia, no siento la misma admiración ciega por Jesús que por Jean-Luc Piccard cuando rescata la *Enterprise*[1] con tanta

---

[1] El almirante Jean-Luc Picard es un personaje ficticio en el universo de *Star Trek*.

nobleza y buen aspecto. A primera vista, no reconozco a Jesús como un salvador.

Tal vez algo de esa falta de reconocimiento tiene que ver con el hecho de que vivo cerca de fines del siglo XX. Los cohetes a la luna están pasados de moda. La ciencia es impresionante y realista. ¿A quién le importa o sorprende, en pleno siglo XXI, un tipo que camina sobre el agua? Pero el libro de Marcos deja bastante claro que las personas del primer siglo también tuvieron problemas para reconocer a Jesús.

En esta historia, en realidad, es como si Jesús asustara a los discípulos. Cuando lo ven caminar por el agua, su primera respuesta no es *¡Guau! ¡Que genial, Dios!* Por el contrario, están aterrorizados. El texto dice: "Ellos pensaron que era un fantasma y clamaron". Un manuscrito, incluso, traduce esto como *demonio*. Claramente, no lo reconocen como un salvador.

Tengo un recuerdo diferente de esta historia en la versión que veía en el franelograma: el Jesús hecho de tela caminaba sobre el agua y lucía muy bonito y noble, tal vez algo apuesto. Lo que es seguro es que la escena no daba miedo y él parecía estar bastante seco. De alguna manera, así era, aunque él estaba sobre el agua, el viento soplaba y las olas golpeaban por todos lados.

Enterprise es el nombre de la nave insignia. (N. del. T)

De hecho, era tan fácil de reconocer con la túnica blanca y el largo cabello castaño, que la impresión que tuve cuando niña era que los muchachos en el bote eran *malos por no reconocerlo* y *débiles por tener miedo*. Creo que el sentimiento generalizado en la escuela dominical era que, si hubiéramos estado en el bote, habríamos aplaudido al ver a Jesús o lo habríamos saludado a la distancia, reverentes.

Pero ahora pienso que no reconocer a Jesús es probablemente una respuesta universal. Y tal vez es una respuesta apropiada. Si Dios está vivo y si Jesús revela quién es Dios y si una revelación es algo que todavía no conocías que se te dio a conocer, entonces Jesús quizás te resulte un poco extraño cada vez que lo encuentres. Tal vez, si Jesús no nos parece un poco extraño, solo nos estamos encontrando con un producto de nuestra propia imaginación de maestra de escuela dominical.

A lo largo del libro de Marcos, los discípulos (las personas que escogieron a Jesús) entienden poco o nada de lo que implican sus acciones. Su incomprensión es tan absoluta que algunas personas sugirieron que debe ser un dispositivo de Marcos para halagar al lector. Nosotros, los lectores, estamos informados y podemos burlarnos de los personajes por ser tan obtusos. Pero, honestamente, la mayor parte del tiempo me siento más obtusa que informada.

La incomprensión y la falta de reconocimiento de las personas no parecen obstaculizar tanto a Jesús. En esta historia, Jesús se abre camino hacia un bote lleno de personas que no pueden reconocerlo, que piensan que él es un fantasma o un demonio. Un bote lleno de gente confundida que avanza contra el viento con dificultad. De alguna manera, esa parece ser una buena metáfora para lo que significa ser humano.

No parece que estemos progresando tanto. Estamos rodeados de un enorme ingenio humano y, al mismo tiempo, de un caos absoluto. Desarrollamos antibióticos, pero luego acabamos teniendo súper virus. Desarrollamos tecnología para liberarnos, que termina por esclavizarnos. Estamos envenenando nuestras aguas. Tenemos calentamiento global. Sin importar lo que hagamos, cómo planeamos, los niños y nuestros padres mueren.

El *viento* puede dar miedo. Puedes intentar aislarte con pólizas de seguro y filtros de agua, con el mayor orden posible o con la mayor cantidad de negocios que puedas crear. Puedes cubrirte de pies a cabeza con impermeable, pero cuando el viento te sorprenda en desnudez y cuando las olas golpeen el costado del barco, te mojarás.

El agua, en el mundo del simbolismo hebreo, significaba caos. Es un tema importante en Marcos (y en toda la Biblia). En realidad, Marcos se saltea la narrativa del nacimiento de Jesús, toda su niñez, y comienza la historia con el bautismo de Jesús. Marcos inicia su historia sobre este Dios encarnado con ese Dios mojándose.

En la historia que leemos hoy, Jesús comienza solo, seco, en tierra, en una montaña. Orando. Pacífico. Ve a los discípulos luchar contra el viento y se les une en el mar: la anomia y el caos. Se moja los pies. Se moja la túnica. Apuesto a que se empapó.

Hay algo desconcertante acerca de un Dios que no permanece seco. Tal vez podría reconocer a Dios en la montaña antes de reconocer a este Hombre/Dios siendo golpeado, empujado y mojado. Quizás a todos nos resultaría más fácil reconocer a Jesús si se hubiera quedado en la montaña y hubiera despejado todo desde allí. Si tan solo hubiera borrado cada rastro de viento, la tormenta, todo el caos, desde el principio. Pero, cuando aparece esta figura húmeda y desaliñada, no es lo que esperas de un salvador. Se siente poco familiar.

Cuando Jesús ve a los discípulos luchar contra el viento en el bote, espera hasta la cuarta guardia de la noche, y luego (dice el texto), el "quiere pasar de largo". Parece grosero: él quiere pasar de largo. Pensarás que diría "quiso rescatarlos o frenar el viento o quitar todo el dolor del mundo". En Éxodo, Moisés le pide a Dios que le muestre su gloria y Dios dice: "No puedes ver mi cara y vivir, pero pasaré a tu lado. Hay un lugar donde puedes pararte sobre una roca, y mientras pasa mi gloria, te pondré en una hendidura de la roca y te cubriré con la mano hasta que haya pasado a tu lado".

Un poco antes, en la narrativa de Marcos, Jesús está en el bote con los discípulos en medio de otro viento furioso. El viento está trayendo el agua y todos están atemorizados. Y Jesús está durmiendo. Lo hace parecer un poco genial, insensible y ciertamente extraño. Pero, en ambas historias, termina por responder al miedo de los discípulos con compasión.

Quizás su "pasar de largo" y su "dormir" no sean una indicación de indiferencia, sino de que está relajado. No se preocupa por el viento, por el agua que golpea el bote ni por el caos. De algún modo, es difícil de comprender: él puede dormir en medio de todo eso. Pasea entre el caos. El viento puede parecer tan infinito y atemorizante. Cuando estás dentro de él, parece como si no tuviera fin. Tal vez, Jesús es libre de dormir y de pasar junto a ellos porque sabe que el viento es finito.

Aun así, las personas en el bote están aterrorizadas. No perciben. No ven lo que él ve. No saben lo que él sabe. La historia indica que su experiencia en el viento podría haberse alterado si hubieran entendido el episodio de los panes. Justo antes de la historia de caminar sobre el agua está el relato de la alimentación de los cinco mil, en la que una multitud es alimentada con cinco panes y dos peces. Aparentemente, algo de la confesión, el miedo y la falta de reconocimiento tuvo que ver con que los discípulos no entendieron la historia *acerca de los panes*.

Acerca de los panes es la frase misteriosa que parece la llave a todo esto. Como si solo al entenderla pudiéramos adquirir fe, librarnos del temor y saber todo o algo. ¿Qué hay acerca de los panes? En esa historia, Jesús no intenta sorprender a la multitud con una multiplicación mágica de panes y peces. En realidad, la multitud ni siquiera está consciente de qué está pasando. Jesús lo hace para los discípulos. Están ansiosos por que la gente sea alimentada. Piensan que todos deberían irse a buscar su propia comida. Están preocupados porque todo indica que la multitud se irá hambrienta. Finalmente, todos son alimentados.

Lo que al principio parecía escaso para los discípulos (cinco panes y dos peces) resulta ser ilimitado, amplio y abundante. Amo la historia de la alimentación de la multitud. Para mí es enorme porque señala una gracia insondable. Realmente inconmensurable. Desconocida. Inesperada. Más grande y diferente de lo que cualquiera creería posible. Nutritiva, pero extraña. Todo apunta hacia la actividad poco familiar de Dios que promete proveernos y alimentarnos, pero que sin embargo no borra todo nuestro sufrimiento, más bien nos encuentra en el viento. Un Dios que dice *soy el pan de la vida y un Dios que se moja*. Todos se mojan. Todos son alimentados.

Los discípulos no entendieron lo de los panes. Así que cuando Jesús entra al bote y calma la tormenta, están completamente asombrados. Si hubieran entendido que todos iban a ser alimentados, tal vez se hubiesen relajado y no hubiesen estado sorprendidos al ver que el viento cesaba. Por todos lados en el libro de Marcos, se dice que la gente está sobrecogida, asombrada, sorprendida, impresionada más allá de toda medida y superada por el asombro. Pero creo que, a menudo, leemos que "no entendieron lo de los panes" y nosotros asumimos que sí lo hemos hecho.

Bueno, si mi abrumadora sensación de terror en el viento es indicativo de mi comprensión, entonces creo que, a menudo, he asumido erróneamente. Estoy ansiosa por ver que el pan alcance. Siento que todo está demasiado mojado y que nunca se va a secar y que el moho probablemente crecerá y crecerá y consumirá a todo el mundo. El viento es tan incansable que nadie llegará a ninguna parte, nunca. Las fuerzas en nuestra contra son muy grandes. El capitalismo ha consumido nuestras almas. La ganancia como mayor propósito ganó. Hagamos lo que hagamos, sea como sea que actuemos, causaremos neurosis en nuestros hijos, como nuestros padres hicieron con nosotros. Esto no tiene fin.

En medio de esto, es un poco extraño, un poco sorprendente, escuchar las palabras: "Anímate, soy yo, no temas". ¿Quién es *yo* y qué evidencia hay de que no deberíamos tener miedo? Pablo dice que "toda la creación está sujeta a vanidad en la esperanza". Es impactante. Es revelación.

¿Y yo? ¿Entiendo lo de los panes? Quiero decir, sé lo que aprendí en la escuela dominical, sé bastante sobre teología y leí muchos comentarios, pero, ¿entiendo "lo de los panes"? ¿Lo comprendo corporal, emocional y entrañablemente?

Estamos empapados. Estamos hambrientos. Pero el viento cesará y todos serán alimentados. Esto es poco familiar, es esperanza. Nos deja atónitos. Es tan desconocido que es increíblemente difícil de articular. No sé si puede ser comprendido. Creo que es señalado por estas extrañas historias en la Biblia: Jesús caminando sobre el agua, un Dios que se vuelve humano, que muere en la cruz para nuestra salvación, un Dios que sufre y muere y se moja.

Pero no creo que importe si tú lees la Biblia todos los días o pasas toda tu vida en la iglesia. Cuando Jesús —cuando la Palabra— viene, inevitablemente te hará temblar de alguna manera. Quizás, incluso, te deje estupefacto. Creo que somos un poco como los discípulos confundidos en el bote, dirigiéndonos dolorosamente, creyendo que el viento es infinito, creyendo que es mejor que todos consigan su propia comida, creyendo que es mejor que todos estén tan asegurados como sea posible; que es mejor que todos se mantengan completamente cubiertos: que consigan la máxima protección del agua. Que nunca los agarren desnudos. La mayoría del tiempo estamos remando como locos contra el viento, tratando de escapar del caos o de algo más, pero Jesús camina sobre el agua.

Si lo viésemos allí afuera, podría impactarnos. No creo que sea fácil reconocerlo, pero la esperanza no es dependiente de nuestra habilidad para comprenderlo. Jesús nos reconoce. Él sigue hacia adelante y se mete al bote con los discípulos torpes e incomprensivos y el viento cesa. Anímate, dice, sé que no lo crees del todo, pero el pan es suficiente.

La mujer perro

19 de agosto de 2002: decimotercer domingo de Pentecostés

u

Jesús partió de allí y se retiró al país de Tiro y de Sidón. Entonces una mujer cananea, que procedía de esa región, comenzó a gritar: "¡Señor, Hijo de David, ten piedad de mí! Mi hija está terriblemente atormentada por un demonio". Pero él no le respondió nada. Sus discípulos se acercaron y le pidieron: "Señor, atiéndela, porque nos persigue con sus gritos". Jesús respondió: "Yo he sido enviado solamente a las ovejas perdidas del pueblo de Israel". Pero la mujer fue a postrarse ante él y le dijo: "¡Señor, socórreme!". Jesús le dijo: "No está bien tomar el pan de los hijos, para tirárselo a los cachorros". Ella respondió: "¡Y sin embargo, Señor, los cachorros comen las migas que caen de la mesa de sus dueños!". Entonces Jesús le dijo: "Mujer, ¡qué grande es tu fe! ¡Que se cumpla tu deseo!". Y en ese momento su hija quedó curada. —Mateo 15: 21-28 (El Libro del Pueblo de Dios)

A veces pienso que es simplemente increíble que no nos volvamos mucho más locos al vivir dentro de las invenciones que estructuran nuestro mundo. ¿Y cómo hace toda esa estructura falsa para arreglárselas para contener el caos que ella misma representa? Tal vez, estamos tan locos que ni siquiera nos damos cuenta. Vemos, pero no percibimos; escuchamos, pero no entendemos (y todo eso). Simplemente doblamos a la derecha, luego a la izquierda, frenamos, seguimos, utilizamos esto, comemos lo otro, vemos aquello y, en realidad, estamos todos locos, ciegos a alguna verdad o a algún caos que gira a nuestro alrededor. Pero lucimos bastantes normales.

Deberías ver *The Cruise*. Es un documental sobre Timothy "Speed" Levitich, un guía turístico de un autobús de dos pisos en Manhattan, que aparenta ser completamente normal. Hay una gran escena donde recuerda una conversación que tuvo con una de sus turistas. Él le había estado hablando sobre "el plan de cuadrículas", el diseño que dispone las avenidas y calles de Manhattan en bloques cuadrados. Había hablado de cómo el plan de cuadrícula emana de una mentira y de cómo realmente le gustaría volarlo en pedazos y rediseñar las calles para que sean, como él dice: «Mucho más un autorretrato de nuestras luchas personales en lugar del sueño húmedo de un corredor de bienes raíces de 1807".

La turista se muestra, evidentemente, un poco desconcertada. Ella dice: "Nunca se me había ocurrido pensar en eso. No lo puedo ni concebir. A todos les gusta el diseño cuadrado. ¿Cómo podría no gustarte el plan de cuadrículas? Es tan funcional".

Mientras recuerda esta conversación en cámara, Levitch se ve realmente agitado. "¿Quiénes son todos?", dice. Él se detiene y la cámara se frena en alguien acurrucado debajo de una manta en un callejón. "Quien sea que esté debajo de la manta blanca, acurrucado en la calle 34 y Broadway, existiendo en el concreto de esta ciudad, hambriento y desaliñado, luchando por abrirse paso a través de la existencia, ¿qué piensa usted de la trazada cuadricular?". No puede creer que la turista no haya sido capaz de cuestionarse el diseño de la ciudad.

"¿Qué está pensando esta mujer?", dice. "Estamos obligados a caminar en estos ángulos rectos. Quiero decir, ¿no lo encuentra irritante? Al ser tan fiel al plan de cuadrículas, es como si ella estuviera alineada totalmente con esta civilización".

"Creo que lo más notable es la expresión 'no puedo concebir que se pueda llegar a alterar el plan de cuadrículas'. Es como si dijera que no puede imaginar otra cosa que no sea esta civilización, esta realidad mentirosa que reina nuestras vidas. Que no se puede imaginar parada arriba de una silla en medio de la habitación para cambiar la perspectiva.

No se puede imaginar un cambio de parecer sobre nada. Girar a la derecha, a la derecha, a la derecha, luego hay una luz roja, una luz amarilla y luego una verde".

Él continúa con esto por otros diez minutos, quizás. Es decir, sí, el tipo está un poco loco. Conduce un autobús de dos pisos por todo "el plan de cuadrículas" de Manhattan durante todo el día, y aun así se rehúsa a ser leal a él. Se rehúsa a creer en él. Podrá vivir dentro de la estructura, pero no puede aceptarla del todo y está allí para que todas las demás personas que viajan en el autobús no la acepten ni crean en ella.

Las estructuras, la cuadrícula, las reglas de las sociedad estadounidense del siglo XXI son diferentes, obviamente, que las estructuras de la Palestina del primer siglo. En ocasiones, lo suficientemente diferentes como para hacernos difícil entender algunas partes del texto. Por ejemplo, en ese sentido, la historia sobre Jesús y la mujer cananea es extraña.

En el mundo bíblico, el honor era algo enorme, un sistema elaborado que estructuraba la sociedad, algo así como un estatus social o un privilegio de clase. Algunos grupos de personas tenían más honor por privilegios de nacimiento y linaje que otros. Pero, a diferencia de los estatus sociales en nuestra sociedad, el honor no era una colina que pudieras escalar. En su lugar, tenías una cantidad limitada asignada y, básicamente, solo tenías que preocuparte por conservar lo que tenías, asegurarte de no perder ninguno de los privilegios de tu grupo o tu clan.

Era lo que podríamos llamar "una sociedad de bienes escasos". Había una cantidad finita de bienes en el mundo, una cantidad finita de honor asignado a ti y a tu familia o grupo. Así que tenías que ser realmente cuidadoso para no dejar ir ni un poco de él. No había en exceso para todos. Las conversaciones públicas eran como pequeños juegos: concursos de honor con muchas reglas elaboradas. Los espectadores evaluaban qué tan bien preservaban su relativo honor los concursantes. Esta historia es uno de esos encuentros públicos.

Este encuentro se sale un poco de la cuadrícula. El andamio no se sostiene del todo. Parece no ser del todo normal, más bien un poco loco. Porque ni siquiera se supone que las mujeres debieran jugar. Los espectadores probablemente no estaban evaluando, sino conteniendo la respiración. "¡Dios mío, mujer! Vuelve a tu casa". Ella realmente está arriesgando su honor por el simple hecho de estar afuera tratando de hablar con un hombre extraño. Y Jesús, al hablar con una mujer en lugar de hacerlo con su representante masculino, está arriesgando perder el honor a lo grande. Cuando piensas en eso y en cuántas veces Jesús encuentra a mujeres en las historias de los evangelios, te das cuenta de que es increíble.

Y luego está este gran detalle: Mateo la llama "mujer

cananea". Que elija llamarla así es casi como hacer sonar una sirena. *Cananeo* es una especie de término antiguo en la época de Mateo, ya que Canaán había dejado de existir hacía siglos. Era como se llamaba Israel antes de que los israelitas mataran a los cananeos y tomaran toda su tierra.

En el libro de Deuteronomio, los israelitas, mientras iban a conquistar la tierra, recibieron instrucciones de matar a todos los hombres cuando atacaran la ciudad, pero debían quedarse con las mujeres, los niños y los animales para disponer de ellos. *Pero... ¿y si es una ciudad cananea?* "No dejarás con vida nada que respire; los destruirás por completo". Esta no es solo una mujer con la que Jesús se encuentra, sino el enemigo arquetípico de su pueblo.

No esperarías que *esta mujer* estuviera aquí pidiéndole a *este hombre* que sanara a su hija ni en un trillón de años. ¿Quién es ella? Es completamente una locura que quiera o espere algo del señor de sus enemigos. Todo se ve tan precipitadamente fuera de la realidad. Fuera de la normalidad. Elimina la precaución que se espera del juego. Está por fuera de las reglas. ¿Qué hay del honor? ¿No está preocupada?

¿No está Jesús preocupado? Ella tan solo grita: "Ten piedad de mí, Señor, mi hija está severamente poseída por un demonio. Ayúdame. Salva a mi hija". Los discípulos sí están preocupados. Parecen decir: "Oye, hombre, no arriesgues tu honor. Sácatela de encima". Quieren protegerlo: "Vamos, estás jugando con nuestra comida, no lo hagas".

Pero Jesús le habla. Eso sí que es notable. No solo eso, sino que le da pie para algo más: "Fui enviado solo a las ovejas pérdidas de la casa de Israel, mi pueblo". Luego pregunta: "¿Es justo tomar el pan de los niños y echárselo a los perros?". En ese momento, estoy bastante segura de que yo hubiera contestado algo así como: "Está bien. ¿Sabes qué? ¡Púdrete!". O tal vez, algo sarcásticamente: "Oh sí, ¿en qué estaba pensando? ¡Debo haber perdido la cabeza por un momento! Claro, el asunto de los bienes escasos. ¡Cierto! ¡Estamos dentro de la cuadrícula! Supongo que olvidé por un momento cómo funcionan las cosas, cómo funciona el mundo. Olvidé los ángulos rectos, los cuadrados y los semáforos. Oh sí, mi enemigo. Olvida que alguna vez te pregunté algo. Adiós".

Pero ella no lo hizo. No le sería leal a la cuadrícula. Tal vez estaba loca, pero no iba a creer en las limitaciones. No iba a doblar la esquina y obedecer al semáforo. Y sabe bien que Jesús está con ella. Entonces dice: "No le estoy pidiendo el pan de los niños", como si bien supiera que no había suficiente como para derrochar, como para darles a todos, incluso a las mascotas debajo de la mesa. "Las meras migajas que caen de ese abundante y lujoso pan serán suficientes". Aparentemente, no le convence la *sociedad de los recursos limitados*. A ella no le preocupa la escasez de comida, de bondad, de honor, de amor, de misericordia, de sanación. Tal vez esté loca, pero cree en la gracia ilimitada de Dios.

Jesús responde inmediatamente: "Mujer, tu fe es grandiosa". Jesús y la mujer cananea parecen tener un contrato, una alianza oculta, un pacto para resistir juntos la estructura impuesta por una sociedad de recursos escasos, por una cuadrícula que surge de una mentira. Un pacto para resistir la noción de que "no hay suficiente". La mujer tiene fe en Dios, cree que la gracia de Dios no puede ser contenida.

A este relato le hacen sándwich las dos historias de alimentaciones milagrosas de multitudes. En esas narraciones parece que hay solo un poco de comida para tantos. Y los discípulos, claro, están preocupados de que escasee seriamente. Pero, contra toda posibilidad, la comida es abundante, generosa, nadie se va con hambre. Las migajas están cayendo por todos lados y están alimentando a las multitudes.

Increíblemente, hay suficiente para los cananeos. Suficiente para las ovejas perdidas, para las cabras perdidas, para los gentiles, para el cojo, incluso para los romanos. Para los enemigos de todas las variedades. Para tus enemigos, para los míos. Hay suficiente para las mascotas debajo de la mesa. Hay suficiente para los perros: para Firulais, Manchita, Pluto, Colita y Lassie. Y probablemente para los gatos también.

Como sea que las estructuras conspiren para hacerlo, el amor, la gracia y la misericordia de Dios no pueden ser contenidos. Ni por los muros de la religión judía del primer siglo ni por los muros de una sociedad sexista ni por una sociedad de recursos escasos ni por el plan de cuadrículas. Las realidades del imperio no pueden contenerlo. Ni nuestra teología, ni tu cerebro, ni siquiera tu imaginación pueden contenerlo. La misericordia, la gracia, el amor y la comida no son finitos. Todo lo contrario, son incontenibles, más grandes que todo. Maldición, es difícil de creer. A esta mujer parece resultarle. Al menos en ese momento.

Entonces, tienes que conducir el bus, seguir el juego, hacer dinero, comprar seguros, mirar TV. Está bien. Pero no le tienes que dar tu lealtad. No tienes que creer en eso. Haz la diferencia donde sea que uses tu fe. Puedes confundir e interrumpir el flujo de tráfico si no le das tu lealtad al cuadriculado. Podría ensuciar esa claridad, que, después de todo, es una mentira. Creer en Dios podría crear un problema en el sistema.

Cuántas veces debo perdonar a George Bush?

15 de septiembre de 2002: decimoséptimo domingo de Pentecostés

u

Entonces se adelantó Pedro y le dijo: "Señor, ¿cuántas veces tendré que perdonar a mi hermano las ofensas que me haga? ¿Hasta siete veces?". Jesús le respondió: "No te digo hasta siete veces, sino hasta setenta veces siete. Por eso, el Reino de los Cielos se parece a un rey que quiso arreglar las cuentas con sus servidores. Comenzada la tarea, le presentaron a uno que debía diez mil talentos. Como no podía pagar, el rey mandó que fuera vendido junto con su mujer, sus hijos y todo lo que tenía, para saldar la deuda. El servidor se arrojó a sus pies, diciéndole: 'Señor, dame un plazo y te pagaré todo'. El rey se compadeció, lo dejó ir y, además, le perdonó la deuda. Al salir, este servidor encontró a uno de sus compañeros que le debía cien denarios y, tomándolo del cuello hasta ahogarlo, le dijo: 'Págame lo que me debes'. El otro se arrojó a sus pies y le suplicó: 'Dame un plazo y te pagaré la deuda'. Pero él no quiso, sino que lo hizo poner en la cárcel hasta que pagara lo que debía. Los demás servidores, al ver lo que había sucedido, se apenaron mucho y fueron a contarle a su señor. Este lo mandó llamar y le dijo: '¡Miserable! Me suplicaste, y te perdoné la deuda. ¿No debías también tú tener compasión de tu compañero, como yo me compadecí de ti?'. E indignado, el rey lo entregó en manos de los verdugos hasta que pagara todo lo que debía. Lo mismo hará también mi Padre celestial con ustedes, si no perdonan de corazón a sus hermanos". —Mateo 18:21-35 (El Libro del Pueblo de Dios)

¿Con qué frecuencia mi hermano, hermana, cónyuge, compañero de trabajo, algún extraño o enemigo pecará contra mí y lo perdonaré? ¿Con qué frecuencia me enfrentaré con el mundo indiferente, despiadado —y en ocasiones muy feo— y aún así deberé amar y perdonar su insuficiencia y fracaso? Y no solo amar y perdonar al mundo de modo general, que no siempre es tan difícil, sino, ¿qué tal a George Bush? ¿Qué hay de todas las personas que te resultan descaradamente tiranas, brutales o crueles? ¿O qué tal el adolescente que condujo de frente contra mi auto? ¿Qué tal esas personas que no solo te lastiman una vez sino aquellas con las que tienes que vivir diariamente y soportar sus fallas, limitaciones y hábitos irritantes? ¿Cuántas veces los debes perdonar? ¿Qué tan profundamente? ¿A cuántas personas tienes que perdonar, a fin de cuentas?

Pedro hace esta pregunta y Jesús se burla un poco de

su razonamiento numérico: "No siete veces. Setenta veces siete. Pedro, ¿estás contando? No lo hagas. No puedes contar. La misericordia no es contabilidad. Está más allá de eso, es ausencia de cálculo. No le puedes seguir el rastro. No encajará en tus libros. La misericordia no son números y ecuaciones.

Luego, Jesús dice: "El reino de Dios es como...". Y tú esperas que termine la frase con algo que no tenga que ver con lo matemático o lo numérico. Esperas que diga que el reino de Dios es como "el mejor jazz que haya existido jamás. Es como Ornette Coleman, Sun Ra. O es como Dostoievski.[1] Es como una disonancia hermosa, brillante, compleja, fuera de las matemáticas".

Pero, extrañamente, no dice eso. Dice que es como "un rey que deseaba poner las cuentas al día", lo cual parece un lugar muy poco estratégico para empezar una historia destinada a iluminar una misericordia que es ajena a la contabilidad.

Qué extraño que incluso lo llame el "reino" de Dios. Lo contamina, ¿no?. "Reino". Sé que tal vez tengas algunos sentimientos buenos, cálidos y míticos de los reyes. A todos les gustan los castillos, las coronas y los vestidos de princesas. Pero toda la cuestión de los reinos en realidad se trata más que nada de mucho dinero, poder, jerarquía,

---

1 Ornette Coleman y Sun Ra fueron músicos destacados de la historia del jazz. Fiódor Dostoievski fue uno de los más grandes novelistas rusos de la historia. (N. del E.)

dominación, excesos y glotonería.

Como el Rey Luis XVI, que tenía diez sirvientes cuyos propósitos en la vida eran prepararlo y vestirlo. Era necesario que diez sirvientes trabajaran durante tres horas para vestirlo y peinarlo. Te invito a que, de vez en cuando, observes algunas de las viejas pinturas de la realeza. Sus peinados tenían un metro y medio de alto. Los sirvientes tenían que subirse en escaleras para ponerle el último adorno encima y que se pudiera parar bien.

Y cuando, finalmente, terminaban de adornar al rey, empolvarlo e informarle sobre el tipo de actitud que su voz debería transmitir, tenían que llevarlo a su trono porque era imposible que se moviera, de verdad. Tenía demasiada construcción sobre él.

Pero bueno, Jesús no estaba hablando de Luis XVI. En la Palestina del primer siglo, *realeza* significaba *emperadores romanos*. Unos tipos descomunales. Nerón hizo matar a su madre para complacer a la mujer con la que tenía un amorío, con la que terminó casándose y a la que, luego, asesinó al patearla cuando estaba embarazada. Sí, los reyes son geniales.

Algunos de los emperadores no estaban tan enfermos, pero siempre les importaban solamente el poder, la riqueza y el estatus. El mundo de los reyes es oscuro, casi por definición.

Necesitamos creer (por alguna razón) en el rey amable y benevolente, como Arturo[2] o Babar,[3] que lo hacen todo por la gente. Pero no creo que sea posible sentarte en un trono, tener todo el poder, todo el dinero, y hacer todo por la gente. Pienso que el poder opera de otra manera. Así que el reino de los cielos es como este rey, ¿no? Después de pasar cuatro horas poniéndose las medias doradas y arreglándose el cabello, después de patear a sus sirvientes y privar a los campesinos de comida, deseaba "saldar cuentas", en otras palabras "obtener un montón de dinero": recolectar los impuestos que ha estado usando para sostener el estilo de vida glotón de élite a expensas de los campesinos desafortunados.

¿El reino de Dios es como un rey que aumenta su riqueza? ¿Qué de esta historia podría parecerse a Dios?

La historia sigue y aparece un sirviente. Este no es el chico recatado que le limpia la barbilla al rey después del desayuno. Este sirviente maneja grandes sumas de dinero, probablemente amontona lo que se recauda de los impuestos. No se sienta en el trono durante el día, pero tiene algo de poder. De hecho, sus músculos probablemente estén un poco más tonificados que los del rey. Es más deportivo, mas activo, le gusta montar caballos, probablemente se resiente con el rey (¿quién no lo haría?) por su privilegio

---
2 El rey Arturo, leyenda europea que personificaba al monarca ideal. (N. del E.)
3 El rey elefante Babar es un personaje de ficción creado por Jean de Brunhoff. (N. del E.)

inflado obtenido no por alguna virtud propia sino por las circunstancias de su nacimiento. Incluso, puede estar tramando alguna rebelión, ¿quién sabe? Llamaremos *Ricardo* a este muchacho.

Ricardo es traído ante el rey, quien examina sus libros de contabilidad para resolver las cosas (y aquí es donde la historia se tuerce, se sale de los límites y se pone surrealista). El rey mira hacia arriba y dice, con una cara totalmente impasible: "Oh, Ricardo, debes millones de billones de billones de dólares. En realidad, tu deuda es infinita, debes... más que todo". Y luego un extra empieza a ladrar como perro y una gallina se atraviesa de la nada (en realidad, no, pero la escena es así de surrealista).

Ricardo se queda allí con los ojos desorbitados y la boca abierta. El rey baja la mirada a su libro y, con un gran bolígrafo de plumas, traza una gran línea negra debajo del nombre del sirviente. "Ricardo: debe todo. A disponibilidad para ser vendido con su esposa e hijos y todo lo que posee". ¿Qué puede hacer Ricardo más que arrodillarse? No hay nada que hacer, ningún lugar a donde ir. Entonces, suplica: "Rey, ten paciencia conmigo. Te lo pagaré".

Bueno, es un poco ridículo. ¿Va a pagar la infinidad? ¿Va a pagar el *todo*? ¿Pagar millones de billones de billones de dólares? No hay manera. Así que, luego (llevando el surrealismo a otro nivel más arriba), el rey se encoge de hombros, agita las manos y dice: "Está bien. Eres libre. No me debes nada. Anda. Te libero por completo".

Es como si esta escena impactante y extravagante se moviera por un momento y sorprendiera a todos: el rey codicioso, viejo, pomposo y poco confiable, conspirando con Ricardo y con quien quiera que esté escuchando la historia. En este momento loco, la misericordia entra. El sirviente es liberado. La contabilidad es descartada. La vara de medir se rompe. El infinito perdón toma el control, y así es como es el reino de Dios.

Cuando la misericordia se mueve, se da un hecho extremadamente desorientador. El piso donde todo y todos usualmente se paran, desaparece. ¿Qué sabías y con qué contabas? *¡Pluf!* Así nomas. Se fue. Barrido. Y, en su lugar, hay misericordia ilimitada e infinito amor. De repente, ya no se trata de contar (o de juzgar o de lo que alguien posee). El sirviente, más allá de toda razón, no paga ni se hace responsable por su fracaso (ni por este ni por todos los anteriores), sino que se libera de él. Entra la misericordia. Puedes echar un vistazo de ella. Te impacta. Y luego, ¿qué le pasa?

Hubieras pensado que Ricardo estaría volando. Uno pensaría que el perdón lo liberaría, que silbaría, saludaría y saltaría por la calle con una sonrisa en el rostro. Crees que abrazaría al primer transeúnte. Que llamaría a toda la gente en la calle: "¡Escuchen todos! ¿No notaron que la tierra acaba de moverse? He sido liberado, ustedes han sido liberados, todos hemos sido liberados. ¡Vivimos en la misericordia! ¡Los amo!".

Es casi imposible que, en lugar de eso, camine pesadamente y sujete del cuello a la primera persona que ve. Como si la misericordia nunca hubiera ocurrido, precisamente como si aún tuviera la deuda sobre su espalda, como si nunca se hubiera liberado y ahora tuviera que hacer que alguien más pagara porque él aún debe mucho a causa de su fracaso.

Pero Ricardo no tiene misericordia. Parece imposible que, en vez de respirar libremente ese aire increíble y misericordioso, él sea capaz de poner sus manos alrededor del cuello y ahogue a un pobre tipo que ni siquiera tiene cinco dólares para pagar su deuda. Parece imposible imaginar que Ricardo estuviera amedrentando a ese sujeto: "Paga lo que debes. Tú me debes. Mírate. No tienes la inteligencia suficiente para darte cuenta de que tus zapatos están totalmente pasados de moda y de que tu cabello se ve horrible. Y eres estúpido, feo y eso que acabas de decir es tonto. Eres un vago y nunca haces lo que dices que vas a hacer. Simplemente eres débil y malo. ¡Paga, perdedor!".

Como si todo se tratara de pagar lo que debes y llevar la cuenta. Como si la contabilidad fuese la verdad más grande, aunque cinco minutos antes ese plano hubiera sido barrido. Él actúa como si nunca hubiera sido liberado, como si el juicio —y no la misericordia— fuera la base de su ser.

Y este pequeño hombre cae de rodillas y dice: "Ten paciencia conmigo. Me mejoraré. Me volveré más fuerte. Te pagaré lo que debo". Pero Ricardo lo mira con disgusto y responde: "Eres una persona fea, llorona, débil, mala, irresponsable y estúpida. No te libero. No eres justo. No eres bueno. Puedo sumar, y has fallado. No te libero. Voy a enjuiciarte y condenarte. Ve a la cárcel y quédate allí hasta que te ganes tu libertad. Pecador. Perdedor. Fracasado".

(Tal vez es un pequeño hombre al que ahorca o, tal vez, como en los sueños, en realidad es él mismo simplemente manifestado como un pequeño hombre o tal vez es otro hombre y él mismo y todos. Sabes que puedes leer estas historias de muchas formas).

La parábola te lleva a ver cuán triste y trágico es que la misericordia se mueva *en y a pesar de que* Ricardo, *en y a pesar de que* el sirviente, y *en y a pesar de que* nosotros no vivamos en ella, no vivamos dentro de la verdad creada. Y luego (parece casi imposible que lo siguiente no suceda), los otros personajes de esta historia, los queridos sirvientes, son testigos de este comportamiento despiadado y piensan (y tú piensas): "*Qué idiota*".

¿Cómo no juzgar al siervo cruel? Tal despiadado, carente de amor, violento recalcitrante debe ser considerado responsable de su fracaso. Seguramente, hay motivos para el juicio. ¿Podemos olvidarnos de que se lo ha perdonado? Eso sería un buen acto de justicia. Es un razonamiento basado en el cálculo, y te absorbe y te enroscas en él. Aparentemente, esto es lo que siempre hacemos. Vivimos aquí y no respiramos la misericordia. Vivimos haciendo cálculos: somos aprisionados por ellos. Somos entregados a los carceleros hasta que se pague la última deuda.

La parábola parece mostrar que los estándares del mundo —nuestros estándares, a lo que nos aferramos como locos— son totalmente inadecuados para el reino (si puedes llamarlo así) de Dios. Entonces, ¿quién puede ser salvo? Se nos da misericordia, amor, gracia de Dios infinitos. Somos creados a partir de ella y para ella y sostenidos por ella. Es suicida de nuestra parte rechazarla, rehusarnos a obedecerla y vivir por fuera. Es asesino juzgar cuando nosotros no somos juzgados, amar solo a aquellos que nos aman y solo cuando somos amados. Eso no es una vida de libertad, amor y misericordia de Dios, sino una poción mortífera. Es guerra, bombas y odio. No es libertad, sino rendirse ante un orden falso (o un desorden), a la costumbre de hacer cálculos que se encuentran fuera de la esfera de la gracia.

Temo que aquí es precisamente donde vivimos. ¿No es este nuestro mundo? Parece lejos del reino de Dios. ¿Donde está el amor y misericordia infinitos? Nadie cree en la misericordia ilimitada. No es razonable y es poco realista. Es impactante, incluso peligrosa. Todos viven a través de los cálculos. No encuentras misericordia en la política, en la retórica de George Bush o en la de las personas que odian a Estados Unidos. No encuentras misericordia ilimitada ni amor infinito en la rectitud de la derecha o en la de la izquierda. No la encuentras en la planificación corporativa, en la industria discográfica ni en la iglesia.

Está oscuro. Y de ninguna manera somos la luz del mundo. Claramente, vivimos en el "reino" del mundo. ¿Y dónde aparece la misericordia en el mundo de los reyes, el mundo de la contabilidad? ¿Dónde está la misericordia en el cálculo? No está, ¿no?

Pero… "el reino de Dios es como un rey que desea poner al día las cuentas". Jesús sitúa su historia en el reino imperial antimisericordia y, sorprendentemente, de forma surrealista, la misericordia se mueve y, en un momento loco, el perdón ilimitado se hace cargo. Impactante y surrealista, Dios se encarna en este mundo. Alcanzó las profundidades (en toda su extensión) de la oscuridad del corazón para que pudiéramos ser liberados de ella, del conteo, de la antimisericordia. Hemos sido liberados. La luz brilla en la oscuridad, la necesitamos para poder ver. El mundo en el que vivimos es el mundo al cual Dios vino.

Una bomba a la meritocracia

19 de septiembre de 1999: decimoctavo domingo de Pentecostés

u

Porque el Reino de los Cielos se parece a un propietario que salió muy de madrugada a contratar obreros para trabajar en su viña. Trató con ellos un denario por día y los envió a su viña. Volvió a salir a media mañana y, al ver a otros desocupados en la plaza, les dijo: "Vayan ustedes también a mi viña y les pagaré lo que sea justo". Y ellos fueron. Volvió a salir al mediodía y a media tarde, e hizo lo mismo. Al caer la tarde salió de nuevo y, encontrando todavía a otros, les dijo: "¿Cómo se han quedado todo el día aquí, sin hacer nada?". Ellos le respondieron: "Nadie nos ha contratado". Entonces les dijo: "Vayan también ustedes a mi viña". Al terminar el día, el propietario llamó a su mayordomo y le dijo, "Llama a los obreros y págales el jornal, comenzando por los últimos y terminando por los primeros". Fueron entonces los que habían llegado al caer la tarde y recibieron cada uno un denario. Llegaron después los primeros, creyendo que iban a recibir algo más, pero recibieron igualmente un denario. Y al recibirlo, protestaban contra el propietario, diciendo, "Estos últimos trabajaron nada más que una hora, y tú les das lo mismo que a nosotros, que hemos soportado el peso del trabajo y el calor durante toda la jornada". El propietario respondió a uno de ellos, "Amigo, no soy injusto contigo, ¿acaso no habíamos tratado en un denario? Toma lo que es tuyo y vete. Quiero dar a este que llega último lo mismo que a ti. ¿No tengo derecho a disponer de mis bienes como me parece? ¿Por qué tomas a mal que yo sea bueno?". Así, los últimos serán los primeros y los primeros serán los últimos. —Mateo 20:1-16 (El Libro del Pueblo de Dios)

"Los primeros serán los últimos" es una de las grandes líneas de la Biblia. Es como una pequeña bomba que Jesús arrojó a este gran espectáculo que es la competencia humana. Excepto que no explotó. O al menos no parece que haya habido efecto en esta, digamos, carrera de ratas. Obviamente, siempre hay personas que intentan darse de baja. Pero he visto a algunos trepar por sobre otros para ser el mejor, el más creativo, el más relajado o el espiritualmente más iluminado.

O tal vez sí explotó y un día (o en algún momento) el humo se despejará y será mejor que te prepares porque el reino de Dios, a la manera de Dios, el mundo según Dios, es como un jefe de familia que salió temprano en la mañana para contratar trabajadores para su viña.

Salió temprano en la mañana, antes del amanecer. ¿Quién se despierta tan temprano? Los mejores. Las personas admirables y trabajadoras. Las *Hermanas de*

Mercy se despiertan temprano para hacer café y pan para los pobres y hambrientos. Un niño pequeño determinado que está ansioso por ganar suficiente dinero para comprar medicamentos para su hermanita enferma. *Temprano en la mañana* es el territorio simbólico de lo responsable y "lo bueno". (¿Por qué piensas que las iglesias se reúnen los domingos por la mañana? Es una oportunidad para definirte a ti mismo entre las *personas de la mañana*. Es una oposición intencional al sábado a la noche).

Las personas allí afuera, temprano en la mañana, las primeras, están listas y esperando, deseosas de trabajar para el jefe de casa. No se quedaron en la cama tocando repetidamente el botón para aplazar una y otra vez la alarma. De hecho, ya han ido al gimnasio, tostaron la avena de cosecha propia para su harina y la endulzaron con miel que recolectaron de sus colmenas nativas, que están fortaleciendo la diversidad ecológica. Meditaron y escribieron en su diario. Se bañaron, se peinaron, se vistieron esmeradamente y estaban listos para ir al trabajo con la primera luz del día. Estas son las personas que tienen una buena ética del trabajo (buenos hábitos, intenciones, y cortes de pelo). Estas son las personas que juegan fuerte. No están tan sorprendidas de ser contratadas, porque es precisamente para ello que han estado trabajando. Pero están complacidas de ser contratadas por una suma decente, complacidas de comprometerse en un trabajo productivo y contribuir a la sociedad.

Y ya tienen muchas horas de contribución, cuando el dueño de la viña abandona abruptamente su puesto directivo.

Cuando el jefe vuelve, su enorme camioneta está llena de gente de esa a la que le gusta levantarse más tarde. ¿En busca de trabajo a las 9:30 a.m.? Claramente, hicieron un esfuerzo, tal vez un poco pasivo. Son el tipo de gente que, bueno, de cierta manera dejan que las cosas les sucedan en lugar de trabajar realmente para hacer una diferencia. Comieron cereales o pastel de desayuno y salieron por la puerta sin haberse cepillado los dientes.

Las primeras personas eventualmente se adaptan a estos recién llegados (aunque al principio es un poco frustrante porque son un poco más lentos), pero no pasa mucho hasta que toda la tripulación adopta un buen ritmo de trabajo. Para el descanso del almuerzo, incluso hay una linda camaradería y todos están ansiosos por sentarse con el dueño, tal vez por recibir comentarios sobre su desempeño laboral y con la esperanza de conversar con él sobre el viñedo, que es hermoso y está lleno de variedades increíbles. Pero —por si no lo sabes— él se va de nuevo a la ciudad en busca de más gente.

Esta vez, halla un montón de personas que ni siquiera están buscando trabajo. Se arrastraron de la cama a las once y fueron a comprar el diario (o más bien una revista de autos o una guía de TV) y una dona o un gran desayuno con tocino grasoso. El plan es volver al sillón y ver algo de televisión, cuando este hombre "los contrata".

Cuando el dueño vuelve a la viña con esta carga, los primeros —comprensiblemente— se sienten un poco menoscabados: es obvio que ni siquiera les preguntó a los nuevos por sus calificaciones, estado de salud, ética laboral, deseos o intenciones. Y estas cosas son muy importantes para los buenos trabajadores. Pero tienen esa apertura que proviene de un buen día de trabajo, uno productivo. Reconocen que algunos son menos afortunados que ellos mismos y, probablemente, es por eso que estos recién llegados son propensos a bromas crudas y de mal gusto. Y, aunque el dueño del viñedo hace varios viajes más a la ciudad para traer de vuelta a personas cada vez menos calificadas, los primeros —amigos buenos y amables— se les acercan e incluso planean invitarlos a cenar.

Entonces, más tarde llega la última hora del día laboral. Son las 4:30 p.m. Todo está terminando. Y el alocado dueño de las tierras sale de vuelta. Se encuentra con un tipo que acaba de despertarse, todo vomitado, que pateó a su perro y salió de su casa a emborracharse de vuelta y... lo contrata. Luego, ve a algunas mujeres bastante ricas con gafas de sol y pieles, sobrecargando a sus pobres sirvientes con cajas de sombreros, de zapatos y de alimentos *gourmet*, y les pregunta a estas elegantes mujeres: "¿Por qué han estado inactivas todo el día?". Obviamente, esto las divierte, y se ríen, y mienten (con una mezcla de condescendencia, desprecio y ridiculización): "Porque nadie nos contrató, querido". Entonces, él… las contrata.

El jefe los lleva a todos, no se da cuenta o no le importa ser el blanco de sus bromas, y cuando las personas trabajadoras ven el último contingente bizarro de "trabajadores" llegar como a las 4:55 p.m., están desconcertados.

Las risueñas damas con sus guantes blancos y el apestoso borracho han recogido unas dos uvas y media cuando el dueño del viñedo los llama a todos desde el campo para pagarles. Les da ciento doce dólares a los últimos que fueron contratados. Un salario decente por un día de trabajo, un salario ridículamente grande para las personas que trabajaron medio segundo. Pero, aparentemente, es ajeno al hecho de que las mujeres no lo necesitan y el hombre lo gastará en whisky. Les paga lo mismo a las personas que empezaron a trabajar a las 3 p.m. Y a las personas que contrató a las 12 y a las 9 a.m., lo mismo. ¿Y las personas que han soportado la carga del día y el calor abrasador? ¿Al niño serio que ahorra para la medicina de su hermanita, a la buena y paciente madre, a la ecologista, al ambientalmente responsable, a las Hermanas de Mercy, a la Madre Teresa, a Jimmy Carter y a toda la gente buena, sincera y amable? Bueno… les paga ciento doce dólares. Exactamente lo que le pagó a la última dama rica y despectiva que levantó un dedo durante un segundo.

Los contratados al principio están como locos. Es insultante que haya llevado a todas esas personas que no están calificadas, que ni siquiera se esforzaron. Que los tratara a todos por igual es intolerable. El dueño de la viña reunió indiscriminadamente una tripulación que en gran medida no es apta y, en vez de recompensar a los que tienen algo de integridad, los trata a todos por igual.

Entonces, así es el reino de Dios. No estoy segura de si este es el tipo de cosas que las personas quieren para el currículum de los maestros de escuela dominical de sus hijos. ¿Cuál es el incentivo para un buen comportamiento? Parece injusto. Como mínimo, hace explotar nuestros cálculos de cómo deben ser u ordenarse las cosas, nuestras definiciones de justicia: obtener lo que mereces, igual paga por igual trabajo, pagar las consecuencias de tu crimen o cosechar los beneficios de tu labor.

El comportamiento del dueño de casa amenaza nuestras definiciones, amenaza algunos entendimientos muy profundamente asentados de cómo consideramos que deben ser o son las cosas. Tal vez, la gracia no es exactamente (quizás casi nunca) como un conejito suave, cálido y cepillado. Amenaza algo de lo que dependemos, con lo que crecimos, lo que aprendimos en la escuela y les enseñamos a nuestros hijos: si te esfuerzas al máximo, serás recompensado. Tu recompensa dependerá de tus logros. No creo que los primeros estén necesariamente perturbados porque sean codiciosos, rencorosos, y porque quieran todos los elogios para ellos mismos. Pienso que están perturbados porque sienten que el suelo tiembla. Los modos del mundo están siendo derrocados. La gracia está reorganizando todo.

En House of Mercy nos gusta la gracia. Ni siquiera nos reunimos por la mañana. Estamos todos a favor de la misericordia. Pero cuando nos vemos cara a cara con lo que afirmamos en la teoría, no suele ser una situación dócil como un conejito en nuestras manos. Tal vez es más como un cóctel molotov. No es algo con lo que podamos lidiar fácilmente. Después de todo, quienes terminan matando a Jesús son todas las personas buenas que creen en la bondad, rectitud y justicia de Dios. Están locos por la forma en que está reorganizando todo.

La gracia, el camino que toma el jefe, es una amenaza. Al menos desde donde estamos parados o desde las estructuras e instituciones que ordenan nuestro mundo, nuestro sistema legal y pedagógico en un formato olímpico. Es una amenaza. El reino de Dios no es una meritocracia. Para nada. No eres recompensado por tus logros.

Esto hace que te preguntes cómo es posible que un Dios justo pueda comportarse de tal manera, tan —aparentemente— irresponsable. A veces, las personas responden estas preguntas diciendo: "Bueno, tienes la misericordia de Dios por un lado, que ofrece perdón, amor, y gracia. Pero luego, por otro lado, tienes la rectitud de Dios que demanda justicia y la sangre de alguien. Es como si existieran dos lados de Dios: justicia y misericordia en oposición. Esta parábola se trata de la misericordia. Hay otros pasajes sobre la justicia que te dan otra sensación.

Pero, al conjeturar eso, terminamos con un Dios esquizofrénico, un poco como *Dr. Jekyll y el Sr. Hyde*. Tal vez, resulta que no entendemos bien la justicia. El jefe parece injusto con nosotros, pero tal vez nuestras definiciones de justicia están pálidas, anémicas y son estrechas y faltas de misericordia. Tal vez, la justicia de Dios no está en oposición a la misericordia, sino que la incluye.

Miles, mi hijo de cinco años, me vuelve loca con sus definiciones de justicia. Se la pasa diciendo "no es justo". Y casi siempre lo aplica a algo a lo que, paradójicamente, no aplica. Y es irritante que insista en que "no es justo" que oscurezca a las ocho, que *Arthur* esté en lugar de *Dragon Tales*, que comamos brócoli para la cena o que no haya galletas de chocolate en la casa. Quiero gritar: "¿De qué estás hablando? Estás usando una palabra que desconoces, estás tratando de emplear un concepto para el cual no tienes absolutamente ningún entendimiento o lo usas al revés. Deja de decir 'no es justo', no sabes lo que significa *justo*".

Tal vez sea así de irritante o entristecedor para Dios vernos emplear nuestra definición de justicia. Tal vez así de lejos estemos. Tal vez nuestras categorías para justicia carezcan de imaginación y sean más como los cálculos matemáticos: ellos trabajaron diez horas, se les debería pagar por diez horas. Él les robo un millón a los campesinos, debería devolverles un millón. Esto es justicia, según nuestra definición. La misericordia va más allá.

Pero, para Dios, quizás, la justicia es un evento dramático y apasionado, impulsado por su deseo de reunirse con nosotros. No es una ecuación abstracta; es un evento como la cruz. No tiene que ver con algún tipo de sistema judicial distante y objetivo. Tiene que ver con el amor, el deseo y la pasión.

Para nosotros, traer a alguien ante la justicia significa que sufra las consecuencias de su crimen o que sea recompensado por sus logros. Para Dios, traer alguien ante la justicia significa que sea devuelto al círculo del abrazo de Dios. Eso no está en oposición a la misericordia. La justicia es restablecer la conexión del pacto que Dios ha establecido. Es restaurarnos en amor los unos a los otros y con Dios. Y, quizás, la forma de llegar ahí —al menos ese parece ser el caso en la Biblia y en la historia de Jesús— está lejos de ser una experiencia dulce, sino que requiere de alguna situación desagradable en la que Dios mismo pueda entrar en su justicia y misericordia.

El jefe dice que le dará al segundo, al tercero, al cuarto y al último lo que es correcto, y lo que es correcto termina siendo lo mismo para todos. Lo "correcto" es relación, ser abrazados por Dios. Es trabajar en el viñedo con todos y con Dios. Eso es lo "correcto". Y el jefe de familia es desvergonzado en su ardiente búsqueda de "contratar" personas para llevarlas a la viña. ¿Quién contrata trabajadores completamente ineptos cinco segundos antes de que termine la jornada laboral? Es notable y revelador con qué urgencia el jefe de familia parece necesitar y querer hasta a la última de las personas.

Dios no tiene vergüenza y no se cansa en la búsqueda de todos nosotros. Sigue volviendo una y otra y otra vez. Y, la mayoría de las veces, las personas ni siquiera buscan ser contratadas. En esta historia no ves la gracia y la justicia en la paga. Las ves en el viñedo, donde todos —los borrachos, las mujeres ricas, todos los buenos y malos— se reúnen para recoger uvas y beber vino.

Comida para gusanos

31 de marzo de 2002: quinto día de Cuaresma

u

Había un hombre enfermo, Lázaro de Betania, del pueblo de María y de su hermana Marta. María era la misma que derramó perfume sobre el Señor y le secó los pies con sus cabellos. Su hermano Lázaro era el que estaba enfermo. Las hermanas enviaron a decir a Jesús: "Señor, el que tú amas está enfermo". Al oír esto, Jesús dijo: "Esta enfermedad no es mortal; es para gloria de Dios, para que el Hijo de Dios sea glorificado por ella". Jesús quería mucho a Marta, a su hermana y a Lázaro. Sin embargo, cuando oyó que este se encontraba enfermo, se quedó dos días más en el lugar donde estaba. Después dijo a sus discípulos: "Volvamos a Judea". Los discípulos le dijeron: "Maestro, hace poco los judíos querían apedrearte, ¿quieres volver allá?". Jesús les respondió: "¿Acaso no son doce la horas del día? El que camina de día no tropieza, porque ve la luz de este mundo; en cambio, el que camina de noche tropieza, porque la luz no está en él". Después agregó: "Nuestro amigo Lázaro duerme, pero yo voy a despertarlo". Sus discípulos le dijeron: "Señor, si duerme, se curará". Ellos pensaban que hablaba del sueño, pero Jesús se refería a la muerte. Entonces les dijo abiertamente: "Lázaro ha muerto, y me alegro por ustedes de no haber estado allí, a fin de que crean. Vayamos a verlo". Tomás, llamado el Mellizo, dijo a los otros discípulos: "Vayamos también nosotros a morir con él". Cuando Jesús llegó, se encontró con que Lázaro estaba sepultado desde hacía cuatro días. Betania distaba de Jerusalén sólo unos tres kilómetros. Muchos judíos habían ido a consolar a Marta y a María por la muerte de su hermano. Al enterarse de que Jesús llegaba, Marta salió a su encuentro, mientras María permanecía en la casa. Marta dijo a Jesús: "Señor, si hubieras estado aquí, mi hermano no habría muerto. Pero yo sé que, aun ahora, Dios te concederá todo lo que le pidas". Jesús le dijo: "Tu hermano resucitará". Marta le respondió: "Sé que resucitará en la resurrección del último día". Jesús le dijo: "Yo soy la Resurrección y la Vida. El que cree en mí, aunque muera, vivirá: y todo el que vive y cree en mí, no morirá jamás. ¿Crees esto?". Ella le respondió: "Sí, Señor, creo que tú eres el Mesías, el Hijo de Dios, el que debía venir al mundo". Después fue a llamar a María, su hermana, y le dijo en voz baja: "El Maestro está aquí y te llama". Al oír esto, ella se levantó rápidamente y fue a su encuentro. Jesús no había llegado todavía al pueblo, sino que estaba en el mismo sitio donde Marta lo había encontrado. Los judíos que estaban en la casa consolando a María, al ver que esta se levantaba de repente y salía, la siguieron, pensando que iba al sepulcro para llorar allí. María llegó a donde estaba Jesús y, al verlo, se postró a sus pies y le dijo: "Señor, si hubieras estado aquí, mi hermano no habría muerto". Jesús, al verla llorar a ella, y también a los judíos que la acompañaban, conmovido y turbado, preguntó: "¿Dónde lo pusieron?". Le respondieron: "Ven, Señor, y lo verás". Y Jesús lloró. Los judíos dijeron: "¡Cómo lo amaba!". Pero algunos decían: "Este que abrió los ojos del ciego de nacimiento, ¿no podría impedir que Lázaro muriera?". Jesús, conmoviéndose nuevamente, llegó al sepulcro, que era una cueva con una piedra encima, y les dijo: "Quiten la piedra". Marta, la hermana del difunto, le respondió: "Señor, huele mal; ya hace cuatro días que está muerto". Jesús le dijo: "¿No te he dicho que si crees, verás la gloria de Dios?". Entonces quitaron la piedra, y Jesús, levantando los ojos al cielo, dijo: "Padre, te doy gracias porque me oíste. Yo sé que siempre me oyes, pero lo he dicho por esta gente que me rodea, para que crean que tú me has enviado". Después de decir esto, gritó con voz fuerte: "¡Lázaro, ven afuera!". El muerto salió con los pies y las manos atadas con vendas, y el rostro envuelto en un sudario. Jesús les dijo: "Desátenlo para que pueda caminar". —Juan 11: 1-44 (El Libro del Pueblo de Dios)

En Domingo de Cenizas, la iglesia comienza la temporada de Cuaresma al tomar lo que una vez fueron hojas de palma vivas, agitadas alegremente en las manos de los niños la Pascua anterior, y prenderlas fuego y quemarlas hasta que no sean más que un polvo negro y arenoso. Luego, el sacerdote o pastor —o quien sea— unta los restos de las hojas de palma quemadas en las frentes de los congregantes, formando una cruz negra, y dice: "Recuerda: eres polvo y al polvo volverás".

Aunque no parece tan fuerte cuando lo estamos haciendo, estuve reflexionando (tal vez demasiado) en qué ritual más gráfico e inquietante es la introducción a la Cuaresma. "Recuerda que eres polvo y al polvo deberás volver". No es simplemente decir: "Recuerda que te vas a morir". Es: "Recuerda, te vas a descomponer y convertir en tierra. Te conviertes en tierra porque tu cuerpo se descompone. Los gusanos comen tu carne podrida y luego te procesan a través de su sistemas digestivos. Así es como regresas al polvo".

Bueno, eso sí que es reconfortante. Es el tipo de cosas que te envían a casa positivo e inspirado para poner en orden tu vida. Recuerda que regresarás al polvo, comida para gusanos. Está en la liturgia.

Probablemente, la mayor parte del tiempo intentamos —consciente o inconscientemente— evadirnos de pensar demasiado en esto. Estar continuamente conscientes de que te vas a descomponer y convertir en comida para gusanos podría hacerte un miembro menos productivo para la sociedad. Se te podría dificultar vestirte en la mañana si te saludas en el espejo siempre consciente de tu destino: "Buenos días, comida de gusanos, ¿te vas a peinar, lavar los dientes y ponerte unos pendientes?".

Si fijas en tu mente la frase, es difícil pasar por los mostradores de cosméticos en las grandes tiendas y observar a las personas probarse el perfume y el maquillaje, arreglarse frenéticamente y no querer susurrar en sus tontas orejas: "Dios mío, qué comida de gusano tan elegante eres".

No es tan cómodo o disfrutable sentarse en un lindo restaurante a tomar un vino caro y comer algún platillo meticulosamente preparado y todo el tiempo estar híperconsciente de que, eventualmente, todo aquello será procesado por el tracto digestivo de los gusanos.

No es fácil recordar activamente que eres polvo y luego vivir cómodo dentro de normas sociales educadas, haciendo todas las cosas normales, triviales y rutinarias que prescribe el orden social. Así que, la mayor parte del tiempo, pienso que no "recordamos" activamente.

Pero algunos psicólogos y antropólogos han conjeturado que en realidad se precisa mucha de nuestra energía psíquica para *no* pensar en "ello". Represión, negación. Tenemos que gastar mucha energía para no recordar nuestra vulnerabilidad de criatura, inevitable y básica: nos haremos débiles y moriremos. Terminamos gastando mucho tiempo en muchas cosas para tratar de mantener eso a raya, para ocultarlo de nosotros mismos y de todos. La odiamos, le tememos, pero le terminamos dando a la muerte tanto poder, que termina convirtiéndose en nuestro mayor ídolo, y vivimos sirviéndole, tratando de probar que no somos comida de gusanos.

La comida de gusanos no conduce autos lujosos. Nosotros no somos vulnerables. Mira nuestras ciudades. Mira nuestra productividad. Mira lo que podemos construir. No somos débiles. Mira nuestras bombas. Hagámoslas gigantes. No vamos a morir. Mira nuestro poder. Somos grandes y fuertes, y vamos a seguir creciendo y fortaleciéndonos. No somos "criaturas". Las criaturas no tienen a su alcance el poder de destruir el mundo.

Al servicio de la muerte, terminamos por no prestarle mucha atención a la vida. Estamos tan ocupados construyendo y destruyendo para probar nuestro poder, tratando de lucir "grandes", invulnerables y fuertes tanto como podemos.

Recordar que somos polvo nos causa "ansiedad de aniquilación". Cuando preparaba este sermón, vi esa frase y pensé: "Eso es lo que tengo: ansiedad de aniquilación". Algunos dicen que es el miedo humano básico detrás de todos los miedos. Miedo a la muerte, miedo a que el ser sea aniquilado, pero acaba por manifestarse en muchos otros lados como *miedo a la vida*. Miedo a vivir como somos, como seres humanos, despiertos, conscientes, a veces frágiles; siempre criaturas vulnerables que tienen cuerpos y experimentan un millón de cosas y luego mueren.

Tal vez tengamos que reprimir nuestra ansiedad de aniquilación para funcionar normalmente en sociedad sin sentir que enloquecemos. Pero, en algún nivel, nos retiene de vivir plenamente. Nos impide aceptar, abrazar y amar nuestra humanidad, nuestra esencia de criaturas, nuestra fragilidad. Significa rechazar nuestra humanidad y, en consecuencia, la humanidad de los demás, y lo que sea que nos recuerde que somos criaturas que mueren.

Nos hace odiar y condenar al ostracismo todo lo que luzca débil o quebrantado porque nos recuerda que morimos. Adoramos el poder porque el poder nos hace sentir que no vamos a morir. Rechazamos cualquier signo de la criatura decadente, vulnerable y débil en nosotros mismos y en los demás y en toda la creación porque no queremos morir.

Es algo raro. Nuestro miedo termina por causar que en realidad le demos un tremendo poder a la muerte para que controle nuestras vidas. Resulta, creo, que en realidad adoramos la muerte al hacerla nuestro Dios, nuestro ídolo más grande, nuestra realidad y deidad suprema, todopoderosa, absoluta y final. Dios. Tal vez he estado leyendo demasiado a Ernest Becker,[1] pero esto me parece cierto.

La historia que está en las escrituras para esta noche es sobre destronar a la muerte como ídolo. No mantenerla a raya nerviosamente, sino mirarla directamente a los ojos. Centrarnos en la resurrección, no en la muerte. Sé que es una historia alocada. Es loco sugerir que la muerte no es

---

1 Pensador y científico estadounidense. Desarrolló la teoría de que nuestra forma de funcionar en el mundo es a través de negar nuestra mortalidad, lo que, a la vez, nos imposibilita a un conocimiento profundo del ser. (N. del E.)

realmente el poder que imaginamos, que no es realmente el fin de todo. Es loco sugerir que Dios es realmente Dios después de todo. La muerte no es Dios. Dios no es muerte. Dios es resurrección y vida.

Es una historia disparatada sobre un hombre, Lázaro, que está enfermo y a punto de morir. María y Marta, las hermanas, lo aman y no quieren que él muera. Así que mandan a llamar a Jesús, que también ama a Lázaro. Ellas quieren que él vaya y salve a Lázaro de la muerte. Pero Jesús no va para impedir que muera. Parece que él quiere mostrarles a estas personas, a nosotros, tal vez a todos, algo sobre la muerte y algunas cosas sobre confiar en Dios.

Cuando Jesús finalmente llega, es demasiado tarde. Lázaro ya ha muerto hace cuatro días. Cuando Marta saluda a Jesús para darle la bienvenida, parece obvio que no está feliz con la situación. Ella quería que Jesús previniera a su hermano de morir. Ella dice: "Si hubieras estado aquí, mi hermano no se hubiera muerto". Como: "¿Dónde estabas, idiota? Lo podrías haber salvado. ¿Nos amas? Nos abandonaste".

Si pudiera diseñar a un salvador a mi gusto (y esto puede que se deba a mi ansiedad básica de aniquilación), quisiera uno que me salvara y me protegiera a mí y a todos los que amo de morir. En realidad, a duras penas puedo pensar en algo que quisiera de Jesús más que eso. Quiero la *no muerte*.

Pero ese no es realmente el tipo de salvador que es Jesús. No es lo que obtienes de esta historia, aunque las personas en su ansiedad usualmente tratan de construir al cristianismo de esa forma. Como si creer en Jesús de alguna manera fuera un escape de la tristeza y el sufrimiento de la muerte. Como si no debiéramos sentirnos tan horribles de que nuestro hermano, bebé, madre o padre murieran. Bueno, en esta historia, Lázaro, el hermano muerto, está claramente pudriéndose en la tumba. Tal vez es un lugar mejor, pero a mí no me parece.

Esta historia llega a su fin para mostrar cuán muerto está Lázaro. Totalmente muerto. El pueblo hebreo creía, aparentemente, que la fuerza vital de una persona estaría cerca de su cadáver durante tres días, pero al cuarto día desaparecería y la persona muerta estaría más allá de la esperanza. Muerte es muerte. Y Lázaro está muerto. Más allá de toda esperanza.

La historia no anestesia la muerte, no la hace bonita y limpia. Destaca su calidad gráfica. Trae el olor de la muerte. Marta dice: "Él ha estado muerto por cuatro días. Ya debe haber olor". El cuerpo está en descomposición y la carne podrida apesta. Míralo a la cara. Eres polvo y al polvo deberás regresar. No es perfume, maquillaje y negación de la muerte. A veces, las personas actúan como si, solo por creer en Jesús, bueno, la muerte perdiera su aguijón. Pero este no es el modo en que continúa la historia. Hay una gran tristeza en esta muerte, lamento y llanto. Ellos prueban la muerte. La huelen. La sienten. Y les hace llorar. Y Jesús llora con ellos.

¿Qué les muestra Jesús a las personas en esta historia sobre la muerte? No que no huele mal, no que no es realmente triste. La muerte está. Muerte real. Y desesperación. Desesperación real. Y vulnerabilidad, "criaturalidad", quebranto, fragilidad, y todo lo que queremos rechazar. Lázaro está muerto. Una persona muerta no puede hacer *nada* por sí misma. No puede salvarse a sí misma. No hay buena obra que Lázaro pueda realizar ya. No hay posibilidad que quede para Lázaro. Él no es, de ninguna manera, en absoluto, grande y fuerte. Él está tan quebrantado como puede estar, tan débil e impotente como cualquiera podría estarlo. Está muerto. Pero Jesús lo llamó: "Lázaro, sal de la tumba". Y el hombre que estaba totalmente muerto y sin remedio, se levanta y sale. Y Jesús dice: "Desátenlo y déjenlo irse".

Pienso que Jesús quiere mostrarles a las personas, a nosotros, a todos, que nada puede separarnos del amor de Dios. Ni la muerte. Nada que hagamos o no hagamos, nada del pasado, del presente, nada por venir, ningún poder, ni la debilidad, ni nada en ningún lugar. Dios no nos rechaza en nuestro extremo quebrantamiento, no importa cuán muertos estemos. Más bien, Dios nos da vida una y otra vez, y amor una y otra vez. Y la muerte no es contrincante para el amor de Dios.

Resurrección. Tal vez no es tan fácil de creer. Es una historia loca, pero parece ser la historia cristiana. Dios no rechaza lo que nosotros parece que consideramos como el secreto vergonzoso en el centro de nuestra condición de criaturas: que nos debilitaremos y moriremos. Jesús no niega la muerte, sino que la mira a la cara y muestra que es lo que es. No es Dios, no es la más grande y horrible verdad, sino una oportunidad para la resurrección. De la muerte, vida. De la desesperanza, esperanza. Si pudiéramos confiar en esto, poner nuestra esperanza en la resurrección, servir a la resurrección en lugar de a la muerte, si confiásemos en que Dios es Dios y no la muerte, tal vez podríamos vivir más plenamente como somos.

El evangelio de Juan dice que Jesús viene para que tengamos vida y vida en abundancia. Quizás podríamos vivir más vivos, más despiertos, al abrazar y amar y aceptar la fragilidad, la condición de criaturas, la humanidad. Tal vez podríamos vivir mucho más humanamente. Sin nuestra negación y represión, tal vez sería difícil vivir realmente cómodos dentro de las normas sociales educadas, difícilmente estaríamos a gusto con las rutinas que prescribe el orden social. Pero, tal vez, ese sea el punto, la esperanza, el objetivo.

Si no estuviésemos protegidos por lo que usualmente nos guarda de nuestra vulnerabilidad inevitable y básica de criaturas, quizás encontraríamos que, en realidad, la vida irreflexiva y automática en el mundo era imposible. Y parece que eso sería algo muy bueno. Resistir la voluntad perpetua de hacerse con el poder por parte de la cultura, resistir el inevitable favoritismo social de los fuertes sobre los débiles, los ricos sobre los pobres, los poderosos sobre los impotentes. Vivir plenamente y realmente despiertos podría involucrar más miedo, temblor, llanto y fragilidad de lo que podríamos tolerar para sentirnos cómodos. No lo sé. Pero pienso que cuando, en Miércoles de Cenizas, se nos dice: "Recuerden, eres polvo y al polvo regresarás", no es para atemorizarnos, sino para liberarnos para vivir, esperar y servir a la resurrección.

Déjenla en paz

2 de abril de 2001: quinto domingo de Cuaresma

u

Seis días antes de la Pascua, Jesús volvió a Betania, donde estaba Lázaro, al que había resucitado. Allí le prepararon una cena: Marta servía y Lázaro era uno de los comensales. María, tomando una libra de perfume de nardo puro, de mucho precio, ungió con él los pies de Jesús y los secó con sus cabellos. La casa se impregnó con la fragancia del perfume. Judas Iscariote, uno de sus discípulos, el que lo iba a entregar, dijo: "¿Por qué no se vendió este perfume en trescientos denarios para dárselos a los pobres?". Dijo esto, no porque se interesaba por los pobres, sino porque era ladrón y, como estaba encargado de la bolsa común, robaba lo que se ponía en ella. Jesús le respondió: "Déjala. Ella tenía reservado este perfume para el día de mi sepultura. A los pobres los tienen siempre con ustedes, pero a mí no me tendrán siempre". —Juan 12:1-8 (El Libro del Pueblo de Dios)

No sé si hay muchas insinuaciones sexuales que nos hagan sentir incómodos en esta cultura. Tal vez, en la iglesia no es tan así, mucho menos si el involucrado es Jesús. La dosis que sea necesaria para incomodarnos a nosotros, creo que habrá sido demasiado fuerte para la gente del primer siglo, y esta pequeña historia parece estar sobredosificada. Bastó con María y su largo cabello, frotando los pies de Jesús, y el aceite perfumado. Es decir, imaginen esta historia en una cultura donde se supone que las mujeres no pueden comer en el mismo cuarto que los hombres; una en la que los hombres no pueden tocar objetos mojados que las mujeres hayan tocado. Mucho menos, tocar mujeres (además de sus esposas, pero incluso así había restricciones). Un lugar donde se esperaba que las mujeres usaran su cabello siempre trenzado en público, a menos que tuvieran la intención de anunciar que eran prostitutas. Esta parece una historia muy incómoda.

Justo antes de esto, Jesús había resucitado a Lázaro, un amigo a quien amaba. Esta historia toma lugar en el almuerzo, tal vez en honor a Lázaro, al menos el texto menciona su resurrección y su presencia. Las hermanas de Lázaro, María y Marta, están ahí. Marta se está comportando obedientemente (exactamente como se esperaba de las mujeres). María, por el otro lado, prácticamente no está haciendo nada de lo que se esperaría en lo más mínimo. Está lavando los pies de Jesús.

Puedes pensar: "Ah, hacían eso todo el tiempo". Sí, las personas lavaban sus pies todo el tiempo, pero generalmente te lavabas *tus propios pies*. Además de ser algo muy personal, los pies también son algo sensibles. Imagina a alguien lavando tus pies: es íntimo y sensual. Los esclavos a veces lavaban los pies de sus amos, pero las demás personas simplemente no se lavaban los pies entre sí (al menos en público). Tú podrías, y las personas lo hacen, leer el gesto atrevido e inusual de María como si se tratase de una cuestión de ser "esclava". Ella está mostrando su subordinación humilde, está actuando como esclava de Jesús al lavarle los pies.

Bueno, sí. Si agregamos el dato del perfume y el cabello suelto con el que le seca los pies, es casi seguro que también es cariñosa, un poco como una amante (vamos).

El perfume (bálsamo de nardo puro) no es algo que fuera una característica habitual en el lavado de pies, y añadirlo en esta situación la sube de tono. Hay obras de teatro griegas de la época que ridiculizan el desenfreno de este tipo de cosas: personajes cómicos y autocomplacientes que se deleitan en hacer que las esclavas jóvenes acaricien sus pies con perfume y digan cosas como: "Oh, ¿no es magnífico que me froten y perfumen los pies con manos hermosas y suaves?".

Si este tipo de cosas eran libertinaje extravagante para los griegos (que, de por sí, se caracterizaban por ser bastante libertinos) imagina lo que esta escena le debe haber parecido a los hebreos (que eran puritanos, en comparación).

María no solo se soltó el cabello, lavó los pies de Jesús y el perfume estuvo involucrado, sino que ella realmente perfumó su cabello con el bálsamo que le había frotado a Jesús en los pies. No suena muy puritano. Hay tanto de esta historia que está fuera de los límites, que parece surrealista. Esta mujer estaba donde no se suponía que debían estar las mujeres, haciendo lo que no se supone que debe hacer, y el agua, los pies, el cabello y el olor al perfume impregnando todo.

Imagina un envase *medio litro* de perfume. Es difícil de imaginarlo porque, en general, es comercializado en envases de ciento cincuenta mililitros, tal vez. Yo apenas soporto estar en un ascensor con alguien que tiene una gota de perfume en su muñeca. Parece nauseabundo estar en una casa donde alguien vertió medio litro de perfume en los pies de otro.

Es realmente una cantidad enorme e imposible. Ni siquiera es lujoso; es gracioso. Es tan exagerado llega a rozar lo obsceno.

Aparentemente, valió lo que sería un año de un salario decente. Imagina treinta mil dólares de perfume vertidos de una sola vez en un espacio cerrado (más aún, mientras las personas intentaban cenar). Esto va más allá de la generosidad. No es un acto racional.

Todo esto está lejos de ser prudente, cuidadoso, casto o modesto. No tiene sentido.

Lo que sí tiene sentido es que toda esa escena despertara indignación. Es tan excesivo, casi lascivo. La respuesta de Judas es perfectamente entendible. Estoy segura de que todos estaban pensando cosas muy parecidas: "María, por Dios, contrólate, ponte un freno, ten un poco de dignidad, muestra algo de moderación, sé sensata, por Dios".

Judas dice: "¿Por qué no se vendió este bálsamo por trescientos denarios y se donó el dinero a los pobres?". El cuestionamiento, bajo estas circunstancias, hasta me parece moderado. Es decir, prácticamente esperas que algún puritano enojado la queme en la hoguera, que se levante y la bombardee con insultos denigrantes. La pregunta de Judas suena responsable, prudente y razonable. Como: "María, ¿cuál es el punto? Lo estás desperdiciando sin sentido".

La pregunta parece estar tan… *bien*. Es como, ah, ¿le quieres dar algo a Dios? Bueno hazlo bien práctico, haz que sirva para algo. Haz un gesto sensato, piadoso y decente, no un gesto excesivamente sentimental, emocional, superfluo, inapropiado, excesivo y vergonzoso para todos.

Sin embargo, es interesante que este argumento en contra del acto de María, este argumento que parece una convicción honesta y devota, un argumento que parece eminentemente sensible, razonable y bueno... sea puesto en la boca de Judas, el traidor, y convertido en una mentira.

Lo que hubieras pensado que estaba bien (uno debe alimentar a los pobres) resulta ser, en este caso, una mentira y una traición. El autor se mete a decirnos que, en realidad, a Judas no le importaban los pobres.

Tengo que admitir que es un poco raro pensar a Jesús en todo esto. ¿Estaba a gusto? ¿Incómodo, tal vez? ¿Lo disfrutaba? ¿Miró hacia un costado? Realmente no puedes ignorar a alguien lavando tus pies con su cabello. Pero lo que queda en claro, lo que aprendemos del texto, es que Jesús se puso del lado de María... No siguió el estándar ético, lo culturalmente apropiado ni lo que les hubiera parecido *correcto* a todos. Él está con ella. Se mantiene a su lado. Dice: "Déjenla en paz. Déjenla ser. Dejen que prepare mi entierro. A los pobres siempre los tendrán con ustedes, pero no siempre me tendrán a mí".

Por muy incómodo e inapropiadamente sensual que fuera todo esto, Jesús lee el acto de María como algo amoroso y, lejos de rechazarla (por su forma indecorosa, poco ortodoxa e irracional), le da un valor que ella ni siquiera podía saber que tenía. Ella no está gastando perfume, no está echando a perder nada. Lo está ungiendo para su acto salvífico, preparando su cuerpo para el entierro. Lo que parecía un encuentro sexualizado por su "intimidad" inapropiada se convierte, en el contexto del evangelio de Juan, en el acto ejemplar del amor, un vistazo esencial a lo que significa ser un discípulo de Cristo.

Podrías (y la iglesia usualmente lo hace) centrarte solo en el aspecto de "esclava": ella estaba dispuesta a actuar como la esclava de Jesús. María era tan beata, humilde y subordinada que estaba dispuesta a arrodillarse ante Jesús, degradarse a sí misma y sacrificar su posesión más valiosa. ¿Quieres saber cómo ser un discípulo? Mira a María, cuán servil, devota, virtuosa y sacrificial era. Sé eso, hazlo.

Pero, de alguna manera, parece que no es del todo así. Pareciera que ella responde a Jesús sin calcular, sin ser consciente de sí misma, con atención extravagante: con amor. Tal vez, ella no tenía que construir una postura. Quizás ella lo amaba. Quizás este era un auténtico acto de amor. Tal vez el discipulado es así.

Claramente, el discipulado del Evangelio de Juan está definido por actos de amor. Este es uno. Así que, según esto, ¿cómo "luce" el amor? No es un ideal platónico virtuoso ni una devoción árida. No es algún derivado de lo racional lo sensible y lo ético. No parece que esté desprovisto de emoción, pasión y sensualidad.

Los profetas en la Escritura hebrea se la pasaban

recordándoles a las personas que Dios desea amor y no sacrificio, relación y no ofrendas quemadas, conocimiento íntimo. En Oseas, Dios es representado como un esposo abandonado y sufriente que anhela a su esposa infiel, a su amada. Creo que el acto de María nos lleva a un territorio similar. Dios en realidad ama. Y quiere amor. De eso se trata todo.

En el pasaje que precede inmediatamente a este, Jesús resucita de la muerte a Lázaro, el hermano de María. No está explícito en los textos —aunque sí para mí— que parte de lo que ella hace y siente es una respuesta a ese episodio. Si Jesús acabase de resucitar de los muertos a alguien que yo amo (me devolviera a mi amado), lavaría sus pies (con mi cabello, si fuera lo suficientemente largo). Lo bañaría en medio litro de bálsamo costoso.

Si lo que escuchamos de este texto (si lo que aprendemos, creemos o sentimos) es que lo que Dios quiere de nosotros es que nos arrodillemos a sus pies en una postura degradante y realicemos un acto degradante; si creemos que esto es lo que significa adorar a Dios, ser un discípulo de Jesús; podríamos sentir todo tipo de cosas: un poco de miedo, tal vez enojo, disgusto, apatía o una profunda ofensa; pero dudo que nos haga amar.

Pero qué pasa si eso no es lo que significa ser un discípulo. Qué pasa si ser un discípulo es una respuesta auténtica a ser amado. Y qué si ser amado… es eso. Sentirse amado. No como una creencia abstracta a la que adherimos, no como algo mal llamado "puramente espiritual" —como si pudiera haber algo así—, sino algo que tiene que ver con la parte de nosotros que tiene sed y hambre, y siente, sufre, ama y llora; nuestras pasiones, nuestras necesidades, lo que es completa y esencialmente humano en nosotros.

Quizás Dios no revivió a tu hermano de entre los muertos pero, tal vez, en esta historia podamos tener un vistazo de que el amor de Dios es *así de bueno*. El amor de Dios está conectado a lo que necesitamos, a nuestras vísceras, a nuestra pasión, a nuestra humanidad esencial. Y adorar y amar a Dios es nuestra respuesta natural, real, no calculada e inconsciente a ese amor. Quizás, el amor de Dios es así de bueno y no es algo de lo que debes convencerte. Y la respuesta de los discípulos no es algo que tengas que fingir. Amar a Jesús no significa responder a una demanda a ser servil, a caer de rodillas en piedad devota: es una respuesta a un amor que es tan bueno que quieres hacerlo, que lo harás.

Solo un poco después, Jesús hace por sus discípulos casi exactamente lo que María hizo por él. Durante una comida con sus discípulos, se quita toda la ropa, cuelga una toalla de su espalda, vierte agua en un cuenco y comienza a lavar los pies de los discípulos, limpiándoles los pies con la toalla que usaba para cubrirse.

Esa es una historia loca para ilustrar el amor de Dios. Ese amor no parece estar vaciado de emoción, pasión y sensualidad. Cuán excesivo para Dios llegar tan lejos. Es casi indecente. Tiene sentido que toda esta situación encienda la indignación. Cómo Dios puede ser tan desubicado e insensible, no solo por el hecho de encarnarse en el mundo, de venir por nosotros de este modo, sino por exponer su cuerpo mientras lava los pies de los discípulos. Por sufrir y morir desnudo en una cruz. Uno pensaría que Dios mostraría un poco más de moderación que eso, que retendría más dignidad, que haría algo más decente, piadoso y sensible que una aparente expresión incontenible de amor apasionado.

No sé exactamente cómo llegaste a sentir esa toalla en tus pies. Tal vez, comiendo pan y tomando vino, tal vez en el modo en que luce el cielo a las cinco de la mañana: azulado, índigo, turquesa, ultramarino, tal vez no. Pero, incluso si no sabes ni sientes ni parece que pudieras tener acceso a ello, tal vez sigue siendo verdad que Dios nos ama apasionadamente. Y, por ello, amaremos al Señor Dios con todos nuestros corazones, almas y mentes. No se trata de construir una postura. Se trata de ser quien eres, el amado.

Res[E]rección

11 de noviembre de 2001: vigésimo quinto domingo de Pentecostés

u

Se le acercaron algunos saduceos, que niegan la resurrección, y le dijeron: "Maestro, Moisés nos ha ordenado: 'Si alguien está casado y muere sin tener hijos, que su hermano, para darle descendencia, se case con la viuda'. Ahora bien, había siete hermanos. El primero se casó y murió sin tener hijos. El segundo se casó con la viuda, y luego el tercero. Y así murieron los siete sin dejar descendencia. Finalmente, también murió la mujer. Cuando resuciten los muertos, ¿de quién será esposa, ya que los siete la tuvieron por mujer?". Jesús les respondió: "En este mundo, los hombres y las mujeres se casan, pero los que sean juzgados dignos de participar del mundo futuro y de la resurrección, no se casarán. Ya no pueden morir, porque son semejantes a los ángeles y son hijos de Dios, al ser hijos de la resurrección. Que los muertos van a resucitar, Moisés lo ha dado a entender en el pasaje de la zarza, cuando llama al Señor el Dios de Abraham, el Dios de Isaac y el Dios de Jacob. Porque él no es Dios de muertos, sino de vivientes; todos, en efecto, viven para él". Tomando la palabra, algunos escribas le dijeron: "Maestro, has hablado bien". Y ya no se atrevían a preguntarle nada.
—Lucas 20:27-40 (*El Libro del Pueblo de Dios*)

Conduciendo a casa la semana pasada, me alteré un poco con el eslogan de una aseguradora que escuché en la radio. Era algo así como *Garantizado por ADM Productos de soja. La naturaleza de lo que está por venir.* Pensé: "Entonces. Esa es la naturaleza de lo que está por venir. ¿Paz mundial? ¿El fin de la pobreza? No. Productos de soja. Fabuloso". Pensé en cuán irremediablemente banal era. Qué patético. La humanidad está condenada.

Creo que fue solo la gota que colmó esta serie de informes sobre el intento de desarrollar una mejor vacuna contra el ántrax, nuevas medidas de seguridad en los aeropuertos y equipos para irradiar el correo. Parecían intentos tan insignificantes por salvar a la gente, hacer un buen futuro y fabricar esperanza. No parecían noticias nuevas, sino viejas. Era redundante, tedioso y para nada esperanzador. ¿Y ahora Archer Daniel Midlands[1] quiere sugerir de alguna manera en que los productos de soja podrían ayudarnos a alcanzar nuestros sueños, esperanzas y soluciones?

Si vamos a concebir *La naturaleza de lo que está por venir,* como todo lo relacionado con la nueva tecnología, las medidas de seguridad del aeropuerto, la soja de bioingeniería, entonces nuestros sueños son tan aburridos, nuestras soluciones son irremediablemente redundantes, nuestras esperanzas son engañosas y no hay nada nuevo, no hay

---

[1] Archer Daniels Midland es una empresa estadounidense de agricultura.

noticias de verdad. Así que apagué *All Things Considered*[2] y puse algo de música cristiana para expandir la esperanza a un plano un poco más amplio, y prometí nunca poner mi esperanza en algo que tenga que ver con la soja.

Obviamente, hay una buena cantidad de personas que piensan que la esperanza que puedes llegar a encontrar en la historia del evangelio es bastante aburrida, engañosa e incluso fraudulenta. El texto que leemos esta noche viene al final de toda una serie de desafíos a Jesús. Es como si todas las personas que habían pensado que creer en Jesús era una locura, una estupidez o un engaño, se hubieran alineado para tratar de exponerlo como una falsa autoridad, como nadie particularmente especial, como políticamente incorrecto.

El desafío en nuestra historia viene de un grupo de muchachos, los saduceos, a quienes les molesta que alguien crea en algo tan ridículo como la resurrección. Su intento parece ser exponer a Jesús como a un tonto, quizás, como a un estúpido. Él cree en la resurrección.

Nadie sabe demasiado sobre los saduceos, pero parecen haber sido bastante influyentes, exitosos, probablemente bastante ricos, algo religiosos, aunque no piadosos o rígidos como los fariseos. Tal vez un tipo de gente más complaciente culturalmente, inteligente, exitosa y enten-

---

2 *All Things Considered* es el programa de noticias emblemático de la red estadounidense National Public Radio.

dedora, que disfrutaba de bromas ingeniosas, argumentos inteligentes, tal vez un cigarro ocasional, muebles forrados de cuero, clubes de hombres, whisky, algunas risas bondadosas sobre las creencias pintorescas de los no tan inteligentes y tradiciones irracionales de los no tan exitosos.

Realmente no sé cómo eran. Pero está bastante claro que la historia que inventan y le plantean a Jesús, en forma de una pregunta burlona, está destinada a mofarse de la creencia en la resurrección.

Le dijeron: "Maestro, Moisés nos dio una pequeña ley práctica y sensata para asegurar que la semilla de un hombre viva después de su muerte, incluso si nunca tuvo un hijo en su vida. Se supone que el hermano del muerto tomará a la viuda y le 'dará su semilla' (ya sabes) para que tenga un hijo que luego lleve el nombre del muerto, para que el nombre del muerto viva en Israel".

Continuaron: "Bueno, Jesús, digamos que el primer hermano murió, y todavía no había un hijo, así que el segundo hermano toma a la mujer y le da su semilla, pero no tienen hijos. Luego, él muere. El tercer hermano la toma. Muere. Nada de hijos. Y luego el cuarto, y sucede lo mismo. Y el quinto, igual. Y el sexto, nada. Y el séptimo la toma y le da su semilla. Muere sin tener éxito. Finalmente, la mujer muere estéril".

Y, cómplices, siguieron: "Entonces, Jesús, es bueno que

haya una *resurrección, ¿no?"*. Se guiñan el ojo y se codean unos a otros. "Porque, ¿de qué otra forma podría ese primer hombre tener alguna esperanza de vivir? Gracias a Dios que tenemos la resurrección para todas las pobres estériles y esposas infecundas que no puede producir nada significante en esta vida; para los pobres muchachos que nunca llegan a nada, que no son capaces de hacer alguna contribución significante a nuestra sociedad. Simplemente no pueden hacer que suceda aquí, no pueden hacer que las cosas "se levanten", si sabes a lo que nos referimos. Bueno, es genial que tengas la res[e]rección para todos esos desafortunados perdedores flácidos, ¿no?".

Concluyeron: "Pero, una cosa; un pequeño problema, Jesús. En la ley, Moisés no parece haber tomado algún recaudo con respecto a la resurrección. Así que, en la resurrección, ¿de quién será esposa la mujer? Tú sabes, la mujer estéril que ha estado con siete hombres. ¿A quién le pertenecerá?

Yo no lo sé, pero los saduceos pueden haber reído con superioridad, disimuladamente, nerviosos o algo así en este momento. En cualquier caso, es dudoso que hayan podido actuar completamente en serio: no es una pregunta tan seria. Pero ahora se calman, porque se genera una gran pausa mientras aguardan la respuesta de Jesús.

Y Jesús está como, no sé, en el suelo, pasando los dedos entre la tierra, como si acariciara metódicamente el lomo de un camello y, después de una larga pausa, mira hacia arriba, y dice: "¿Me preguntaron de quién será esposa esa mujer?". Y resopla. *¡Uf!* Entonces da una opinión que combina una especie de mirada incrédula, impaciente y burlona: "¿Esa mujer? Creo que le pueden llegar a crecer alas en el reino. Como a una mariposa nocturna. Aunque más colorida, quizás. ¿Esa mujer? Tal vez sea reina en el reino. Tal vez vuele. Su nombre puede ser cantado por miles de pequeños pájaros brillantes que están por todas partes. Ella puede poblar un país entero con hijas. Pero una cosa es segura, no le *pertenecerá* a ningún hombre".

Jesús no contesta la pregunta en los mismos términos. No entra al escenario que crearon. Él introduce un paisaje completamente nuevo. Y pone a la mujer en libertad.

Él dice: "Tal vez no lo puedan imaginar del todo, pero la resurrección no es solo lo mismo de siempre solo que más grande, más alto, más transparente allá arriba en el cielo. No estamos hablando de un lugar común como este, de las instituciones, de las medidas de seguridad y las vacunas. No es lo que ya sabes o algo que puedes manejar, como cuando manejas hechos e información".

La resurrección es genuinamente nueva. Más allá de cualquier escenario que puedas crear. No es como alguna moda de pantalones acampanados, bigotes o escarabajos Volkswagen, que vuelven en nuevos colores o formas. Es Dios haciendo algo totalmente nuevo. Sacando esperanza de una situación en la que no la hay. Creando algo nuevo de la nada. Es vida desde la muerte. Puedes decir que es confuso, pero no puedes decir que es aburrido.

Jesús sigue para mostrarles que, a pesar de que ellos puedan pensar que la resurrección era algo poco esencial, medio estúpido e innecesario para añadir a la fe en Dios, en realidad ha sido siempre algo esencial a la naturaleza Divina. Dios es un Dios de resurrección.

Moisés reconoce esto, según Jesús, cuando llama a Dios *el Dios de Abraham, Isaac, y Jacob*. Porque las historias de Abraham, Isaac, y Jacob son todas historias de cómo Dios vence la esterilidad y la infecundidad con fertilidad y vida. Abraham se casó con Sarah, que no podía tener hijos. Isaac se casó con Rebeca, que tenía el vientre cerrado. Jacob se casó con Raquel, pero ella era estéril. Las historias de los patriarcas de la Biblia hebrea son sobre el esfuerzo y el intento humano probados como fútiles, pero también sobre Dios dando vida a la muerte. Dios llamando a la existencia a lo que no existe. Es siempre sobre la esterilidad, infecundidad, la muerte siendo vencida por la pasión, el amor y la misericordia divinos. ¿La historia de Dios? Siempre trata sobre resurrección: Dios buscando y cuidando a su pueblo más allá de cualquier límite que pueda suponer la vida o la muerte.

Y después de eso, aparentemente, todas las personas que esperaban desafiar a Jesús decidieron que era mejor ir a desempolvar su historia judía, que al final él no era tan tonto, que les caía bien o que les asustaba. De cualquier forma, el texto dice que nadie se atrevía a hacerle más preguntas.

Los saduceos pretendían burlarse de Jesús. Pero él señala hacia una posibilidad más allá de una necesidad objetiva, de manera que en realidad parece burlarse de su visión limitada de la vida y de todo.

Podría ser que los saduceos hayan tenido complicaciones en no creer que la muerte fuera un límite real, el límite definitivo, el poder más grande de todos, esa gran cosa que hace que todo se detenga. Vamos, en realidad nadie podría vencer la muerte. Es invencible. La resurrección es absurda. Es bastante común, creo, sentirse de ese modo.

Pero la verdad es que, tan amenazante como pueda parecer la muerte, al menos sabemos cómo luce. La resurrección es un poco desconcertante, inquietante, porque básicamente va en contra de lo que sabemos, contradice todo lo que consideramos absoluto sobre la naturaleza de la historia y la realidad en la que vivimos. Es una caída del orden terrenal, derroca la familiaridad. No juega según las reglas que aceptamos. Si la muerte puede volver a la vida, si esa regla (básica) es quebrada, ¿cómo afecta a las otras realidades, reglas, órdenes en que vivimos y que hemos dado por hechas?

La resurrección es un poco amenazante. Creo que es porque el orden del universo —como lo conocemos— probablemente incluya algunas cosas con las que hemos llegado a contar. Tu estatus cuenta para algo. Jesús impactó a los saduceos al sugerir que la resurrección derrocaba la regla patriarcal absoluta según la cual las mujeres pertenecían a los hombres. Esa regla (junto con muchas otras) probablemente funcionaba perfectamente para ellos. Y probablemente hay muchas formas en que el orden del mundo puede estar funcionando bastante bien para nosotros.

Creo que sería más seguro decir que todos nosotros disfrutamos del privilegio que se nos confirió por el modo en que el mundo está ordenado. Tales ideas apocalípticas como la resurrección son inquietantes porque amenazan el mundo que conocemos, el *statu quo*, con qué contamos, cómo estamos acostumbrados a ordenar el poder y los privilegios. La resurrección no es como una póliza de seguro que ganas al creer en Dios o algo por el estilo. No se trata solo de tranquilizar a las personas que esperan escapar de los vastos poderes de la muerte. La resurrección absorbe todo el poder de la muerte. Es Dios superando cada obstáculo por amor y misericordia. La resurrección no es un boleto individual a la vida del más allá, sino que pone al mundo patas arriba.

Puede que no sea perfectamente segura, pero nos abre la posibilidad de una sorpresa genuina, a la gracia y al amor que confunden los límites de todos nuestros cálculos, los límites de todos nuestros "órdenes". Quizás, los saduceos hayan sido muy inteligentes, tal vez de manera suprema, incluso con una lógica infalible, pero les faltaba algo: suficiente imaginación (probablemente, fe) para creer en el compromiso ilimitado que Dios tiene para con su creación; para comprender el alcance infinito del amor y gracia liberadores de Dios. Sospecho que también carezco de eso (sea lo que sea). Pero todo lo que Jesús quiere es tratar de hacer que vislumbremos eso, lo sepamos, veamos signos aquí y ahora. No se trata solo de la vida después de la muerte. Se trata de que nada es capaz de separarnos del amor de Dios: ni la vida, ni la muerte, ni el poder o los principados, nunca.

No es lo que siempre supiste. No es lo que oyes decir a los periodistas más reconocidos en las noticias de la noche. Es un panorama totalmente distinto. No es un producto de soja genéticamente modificado. No son nuevas medidas de seguridad o vacunas. No es predecible. Es una palabra que revela, abre y rompe la certeza. Es una posibilidad que necesitamos. Es una noticia real de buena fe.

Esperando que suceda

10 de noviembre de 2002: vigésimo quinto domingo de Pentecostés

u

"Por eso, el Reino de los Cielos será semejante a diez jóvenes que fueron con sus lámparas al encuentro del esposo. Cinco de ellas eran necias y cinco, prudentes. Las necias tomaron sus lámparas, pero sin proveerse de aceite, mientras que las prudentes tomaron sus lámparas y también llenaron de aceite sus frascos. Como el esposo se hacía esperar, les entró sueño a todas y se quedaron dormidas. Pero a medianoche se oyó un grito: '¡Ya viene el esposo, salgan a su encuentro!'. Entonces las jóvenes se despertaron y prepararon sus lámparas. Las necias dijeron a las prudentes: '¿Podrían darnos un poco de aceite, porque nuestras lámparas se apagan?'. Pero estas les respondieron: 'No va a alcanzar para todas. Es mejor que vayan a comprarlo al mercado'. Mientras tanto, llegó el esposo: las que estaban preparadas entraron con él en la sala nupcial y se cerró la puerta. Después llegaron las otras jóvenes y dijeron: 'Señor, señor, ábrenos'. Pero él respondió: 'Les aseguro que no las conozco'. Estén prevenidos, porque no saben el día ni la hora. —Mateos 25:1-13 (*El Libro del Pueblo de Dios*)

"**E**stén prevenidos, porque no saben el día ni la hora". Tal vez esas sean buenas noticias para el mundo, pero tienes que admitir que podría ser la publicidad de una película de terror. Depende para dónde vaya tu cabeza: Freddy Krueger o el reino de Dios. Desafortunadamente, creo que también está la posibilidad de combinar las dos de tal modo que crees un extraño género: horror cristiano. Parece vender muy bien en estos días. Lo busqué en Amazon: "Horror cristiano". Puedes comprar cualquier número de novelas, videos y casetes junto con un amplia gama de productos relacionados. No estoy bromeando.

Desconozco el género *horror cristiano* y, en líneas generales, tampoco son mi tipo de pasajes favoritos en la Biblia. A mí me gustan el tipo de pasajes tipo "no se inquieten por el día de mañana; el mañana se inquietará por sí mismo". Un poco más lleno de amor y misericordia, incapaz de ser convertido en series de libros de horror, quizás un poco menos urgente.

Pero este tipo de pasajes son urgentes y están destinados a crear algo de tensión. Lo que estresa más, creo, es que dicha tensión parece interminable. Algo va a pasar y no sabes cuándo, está por suceder, pero todavía no. Al menos, en una película la tensión se construye: la música se vuelve extraña, el corazón se acelera un poco, y luego *sucede*. Y todo termina y tu cuerpo se relaja. Pero con esta espera de la venida del Señor, la tensión parece nunca terminar.

La parábola sobre las doncellas y las lámparas parece decir: "¿Así que tienen que seguir esperando? Bueno, entonces, deben estar preparadas. Manténganse atentas siempre. Estén perpetuamente listas". Me resulta horrible. Suena, cuanto menos, muy estresante. Apenas me puedo imaginar mantener tantas reservas de gas en el auto o leche en el refrigerador. No puedo mantener a mi hijo con suficientes calcetines limpios. No he devuelto un video o un libro de la biblioteca a tiempo durante años. Realmente, no puedo imaginar estar perpetuamente preparada en nada. Estar preparado siempre no suena a buenas noticias. La ansiedad generada podría enviar a una persona a buscar drogas.

Pero, entonces, tal vez el llamado a mantenerse despierto, estar preparado y alistarse no es reducible a una convocatoria a arreglar mi vida. Como si todo se tratase de: "Está bien, Debbie, debes ser mas organizada. Ahora, mira, tan solo asegúrate de llevar suficiente aceite extra. No es difícil. Tan solo eso, por el amor de Dios".

Intentar abordar algunos temas es una locura. Probablemente, mucho de lo que tratamos de hablar en la iglesia es un poco así. Pero esta "espera por el día del Señor" es algo extraño. La escatología apocalíptica, la venida de Dios al final de los tiempos. Jesús volviendo en las nubes. El fin de los tiempos. El reino de los cielos.

Realmente no hay palabras muy adecuadas para decir qué estamos esperando; mucho menos hay buenas palabras para describir cómo prepararnos para ello. Estén listos, prepárense para… ¿qué? ¿Qué significa estar preparados para algo tan misterioso como imposible de imaginar, tan difícil de creer como "la culminación del tiempo" o la venida de Dios? ¿Cómo te "preparas" para algo tan difícil de imaginar o describir? ¿Cómo es?

¿Será como la urgencia que sientes cuando sabes que los invitados están por llegar en cualquier momento? ¿Será el tipo de preparación que casi siempre involucra gritarles a tus hijos para que dejen de jugar en el barro por quinta vez? ¿Se sentirá como tener solamente quince minutos para terminar de lavar los platos, batir la crema, bañarte, poner música, encender las velas y (lo más crucial) cambiar tu actitud? Los invitados pueden llegar en cualquier momento y tú debes pasar del modo de preparación física frenética al de recepción amable. Tienes unos dos minutos para ser feliz. ¿Y si no tienes éxito? Bueno, es posible que destruyas todo.

He encontrado que la clave para estar lista en este tipo de situación es abrir el vino más temprano. Empieza a beber media hora antes de que los invitados lleguen. Pero, piensa: ¿qué pasa si no tienes ningún control, ni las más remota idea de cuándo llegarán tus invitados? No sabes la hora, el día ni el año. Tan solo tienes que estar perpetuamente preparado, constantemente manteniendo los pisos limpios, la casa en orden. Los niños siguen en el barro. Los limpias. Ellos se embarran. Los limpias una y otra vez, y debes ser amable y gentil. Si esta es la vida cristiana, parece ser una receta para la locura, un estrés increíble.

Mateo cuenta una historia para tratar de entender cómo sería esperar, prepararse y estar listo. No sé si la entiendo completamente, pero no es nada parecido a un escenario estresante. No es como tener todo en orden, las cuentas pagadas, los platos limpios, el testamento escrito, manos, cuerpo y alma limpios. Es como diez doncellas, dice, que tomaron sus lámparas y fueron a encontrar a su novio. No diez fundamentalistas frenéticos, preocupados por sus almas. No diez azafatas acosadas regañando a sus hijos. No ocho criadas que ordeñan y siete cisnes que nadan,[1] sino diez jóvenes ("vírgenes", en realidad, según el texto) que esperan ansiosas que llegue un hombre. ¿No es diferente? Quiero decir, no sé si Mateo quería decir *eso*, pero estas mujeres jóvenes no están sobrecargadas de responsabilidades, aparentemente. No están preocupadas por el barro en su porche, no baten crema ni preparan un festín. No tienen hijos. No son las adultas a cargo. Es un día de gran celebración: música, comida, baile y lindos vestidos. Las madres sacan cosas que huelen bien del horno y todo culmina con la llegada del novio.

---

1 Este fragmento alude a «*The Twelve Days of Christmas*» («Los doce días de Navidad»); un villancico navideño en inglés antiguo y muy popular en los países angloparlantes. (N. del T.)

¿Cómo es esperar a Dios? Como las pequeñas niñas que salen al encuentro del novio con sus lámparas. Las más jóvenes suelen conseguir lo mejor. Están entusiasmadas como nunca, de una forma bella y aniñada. La imagen no es tanto de gente adulta con el novio, sino como niños que salen de noche, dan vueltas con sus linternas y se anticipan a algún evento desconocido, nuevo y sorprendente. La anticipación infantil es tan diferente a la de los adultos. No está contaminada por tantos recuerdos de desilusión.

Pero el novio no llega y, eventualmente, lo maravilloso de toda esa situación, que parecía que las mantendría despiertas infinitamente, desaparece. Se cansan. El novio no llega. La emoción disminuye. El novio no llega y, eventualmente, las doncellas envejecen un poco, engordan y son menos infantiles. Les salen algunas patas de gallo al costado de sus ojos mientras esperan la culminación de todas las cosas, el reino de los cielos, la venida del Señor.

El novio no llega pero, eventualmente, han visto a muchos otros novios ir y venir. Han estado en muchas bodas. No es que las bodas sean malas o que no les gusten, pero dejan de esperar algún cumplimiento milagroso.

El novio no llega. Eventualmente, se casan por su cuenta, crían varios hijos, sus vestidos ya no les quedan bien y dejan de esperar que todo el evento realmente tenga mucho que ofrecer. Creo que vivir en el tiempo es así, se trata de madurar.

No se tú, pero yo siento ganas de decirles a estas chicas: "¿Saben qué? Váyanse a casa, hermanitas. Lo siento, pero no creo que valga la pena esperar. Pueden participar en un festín, pero, ¿qué están esperando? Ni siquiera es su hombre. Incluso si lo fuera… Quiero decir, recién empiezan a conocer ciertas cosas y recién empieza a parecer que hay cosas mucho mejores que podrían hacer con su tiempo que mantener una lámpara encendida, a la espera de algún novio al que tengan que alumbrarle su camino a un festín de bodas". Es decir, ¿en serio?

Que a las necias se les acaba el aceite es la cosa menos sorprendente del mundo, si puedo dar mi opinión. Quiero decir, ¿quién tiene realmente el tipo de combustible para mantener ese entusiasmo para siempre? Y no sé si son del todo tontas. Alguien inteligente habría abandonado las lámparas y se habría acostado hace horas, años, siglos atrás.

¿Y si "las sabias" tienen algún tipo de combustible que mantiene encendidas sus lámparas perpetuamente? Bueno, entonces, me pregunto qué es ese aceite y dónde se consigue. Debe ser un aceite en serio. Creo que Mateo las llama "sabias" pero no parece una palabra del todo adecuada, correcta, exacta y perfecta. Quiero decir, no quiero ser dura con ellas, pero muestran algunos rasgos ligeramente estúpidos y egoístas.

No compartirán el aceite con sus amigas. Y les dicen que vayan y compren algo en las tiendas, incluso si es medianoche. Hablemos en serio, ¿dónde compras ese aceite? ¿Comprarlo? Vamos. Las tiendas están cerradas, todo apagado. De todos modos, no creo que sea el tipo de producto que encuentras en un mercado. Ni siquiera durante el día. No puedes solicitarlo en Amazon. Estoy segura de eso. ¿De dónde sacas ese tipo de aceite, entonces?

Pero las necias realmente tratan de comprarlo. Lo considero igual o más necio que decir que es un aceite que puede comprarse. Y se pierden la llegada del novio. Y cuando tratan de entrar al festín de bodas, cuando dicen: "¡Abran la puerta!", el novio responde: "No las conozco", lo que probablemente sea cierto. Es decir, no fue a la escuela con ellas. No estaban allí cuando él llegó. Puede que ni siquiera sea del vecindario. No es una declaración doctrinal necesariamente sobre Dios cerrando por siempre la puerta a los que no creen exactamente como tú crees, no es un tratado sobre el infierno, sino que es el final de esta parábola.

Estén preparados. Estén listos. Manténganse despiertos. ¿Despiertos a qué? ¿A la necesidad de mantener el barro afuera, de mantener tu casa en orden? ¿Preparados cómo? A que hayas logrado todo lo que se necesitaba lograr. ¿Podría ser que, junto a los profetas, Jesús ha estado llamando al pueblo a vivir por la gracia de Dios, pero ahora, cuando Mateo dice *estén listos* quiera decir *cierra las escotillas o vas a caer*? "¡Tú! Consigue ese aceite ahora o se termina todo". No lo creo.

Parece que el aceite es la clave para estar bien preparados. Es el aceite que mantiene las lámparas ardiendo. Aquellas que lo tienen son las que están preparadas. Entonces, ¿dónde consigues ese aceite? Por lo que viene antes y después de esta historia en Mateo, es bastante claro que, sea donde sea que consigas el aceite, la luz encendida es vivir una vida llena de actos de amor y misericordia: dar comida a los hambrientos, a los sedientos, algo de beber, dar la bienvenida a extraños. Pero luego, en este capítulo ves que aquellos que vivieron esta vida, según Jesús, ni siquiera son reconocidos como los que están listos.

Mateo dice: "Que su luz brille ante las personas para que puedan ver sus buenas obras y le den la gloria a Dios". ¿Qué clase de brillo es ese? Es poco común. ¿Qué tipo de preparación es que ni siquiera eres consciente de estar listo? Parece que hay algo que logran más los últimos y los menos que los primeros y mejores.

¿Qué alimenta a la lámpara eterna? ¿Tus buenas obras? ¿Tu habilidad para prepararte y para asegurar la disposición eterna de tu alma? ¿El miedo perpetuo? ¿La ansiedad eterna? No lo creo. Creo que el aceite no es tan diferente de lo que la escritura entera casi siempre dice que es indispensable para la vida: la gracia de Dios. Y tener una reserva extra, tener sabiduría, es confiar en Dios. Esa sabiduría puede aparentar ser un poco necia. Muchas cosas parecen más inteligentes e, incluso, suenan más lógicas. Puede parecer una tontería confiar a pesar de todo lo que el tiempo te ha enseñado, a pesar de tu cinismo y decepción. Puede parecer una tontería confiar, a pesar de todo eso, que la misericordia, el amor y la gracia serán los vencedores finales. Pero creo que eso es lo que Mateo nos está llamando a hacer aquí.

No para que nuestras obras brillen ante el mundo, sino para confiar en que el amor, la misericordia y la gracia de Dios serán la última palabra. Y tal vez, de alguna manera, si estás haciendo eso, si confías en eso, tu luz brilla no como la de los fariseos que deben hacer que sus buenas obras sean conocidas por todos, sino como las lámparas de las doncellas, que no iluminan tu camino sino el del novio: el amor, la misericordia y la gracia de Dios.

¿Tienes aceite? ¿Fuiste creado por el amor de Dios? ¿Vives en la misericordia, por la gracia de Dios? Sí. Mantente despierto.

Hinojo de florencia

14 de noviembre de 1999: vigésimo quinto domingo de Pentecostés

u

"*El reino de los Cielos es también como un hombre que, al salir de viaje, llamó a sus servidores y les confió sus bienes. A uno le dio cinco talentos, a otro dos, y uno solo a un tercero, a cada uno según su capacidad; y después partió. En seguida, el que había recibido cinco talentos fue a negociar con ellos y ganó otros cinco. De la misma manera, el que recibió dos, ganó otros dos, pero el que recibió uno solo, hizo un pozo y enterró el dinero de su señor. Después de un largo tiempo, llegó el señor y arregló las cuentas con sus servidores. El que había recibido los cinco talentos se adelantó y le presentó otros cinco. 'Señor, le dijo, me has confiado cinco talentos: aquí están los otros cinco que he ganado'. 'Está bien, servidor bueno y fiel', le dijo su señor. 'Ya que respondiste fielmente en lo poco, te encargaré de mucho más: entra a participar del gozo de tu señor'. Llegó luego el que había recibido dos talentos y le dijo: 'Señor, me has confiado dos talentos: aquí están los otros dos que he ganado'. 'Está bien, servidor bueno y fiel, ya que respondiste fielmente en lo poco, te encargaré de mucho más: entra a participar del gozo de tu señor'. Llegó luego el que había recibido un solo talento. 'Señor', le dijo. 'Sé que eres un hombre exigente: cosechas donde no has sembrado y recoges donde no has esparcido. Por eso tuve miedo y fui a enterrar tu talento: ¡aquí tienes lo tuyo!'. Pero el señor le respondió: 'Servidor malo y perezoso, si sabías que cosecho donde no he sembrado y recojo donde no he esparcido, tendrías que haber colocado el dinero en el banco, y así, a mi regreso, lo hubiera recuperado con intereses. Quítenle el talento para dárselo al que tiene diez, porque a quien tiene, se le dará y tendrá de más, pero al que no tiene, se le quitará aun lo que tiene. Echen afuera, a las tinieblas, a este servidor inútil; allí habrá llanto y rechinar de dientes'''.* —Mateo 25: 14-30 (El Libro del Pueblo de Dios)

De acuerdo, entonces puedes accionar un interruptor y, virtualmente y de inmediato, estar en cualquier lugar en el mundo. Y puedes obtener todos los nutrientes que necesitas de un solo bocado en alguna especie de megabar. Incluso, puedes obtener cafeína del agua. Puedes hacerlo en una estación de servicio mientras llenas tu tanque. ¿Quieres una revolución? Hay una tienda. Está a tu derecha mientras conduces a Lyndale.[1]

Pero digamos que no todo lo que realmente importa es de acceso inmediato, que hay algo que tal vez queremos vigilar, algo que aún no está completamente en nuestras manos, algo que escapa a nuestro alcance.

---

1 Lyndale es un barrio en el sur de Minneapolis

Digamos que esperamos. ¿Cómo es vivir así? Quiero decir, si es realmente cierto que lo que sabemos no es todo, entonces, ¿cómo es el "mientras tanto"? Deberíamos saber cómo es, creo, porque ahí es donde vivimos. Tal vez, imaginar por un momento que es como si la gran bisabuela Eisley se fuera de viaje, revele algo sobre nuestra situación.

La abuela Eisley era la matriarca de una pequeña comunidad granjera. Tuvo un increíble jardín, cosas que nunca has visto. Guardaba semillas de los tiempos de su abuela y de la abuela de su abuela. Algunas personas decían, y probablemente era cierto, que ella tenía semillas de tomates que crecieron en el Jardín del Edén. No estoy bromeando. Ella tenía semillas de variedades de plantas que, virtualmente, se han desvanecido del resto del mundo.

La mayoría de las personas del pueblo plantaban variedades híbridas de semillas de grandes compañías semilleras en sus jardines . Las semillas de la abuela Eisley nunca habían sido polinizadas de forma cruzada con nada ni genéticamente modificadas. Cada semilla de remolacha, guisante y grano de maíz, se remontaba a una larga línea de plantas que nunca habían estado en contacto con ningún suelo que tuviera un rastro de fertilizante químico o pesticida. Eran reliquias orgánicas puras. Eran preciosas. El jardín de la abuela Eisley era un tesoro muy raro.

Una primavera, la abuela Eisley decidió irse de viaje a Europa. Antes de partir dejó distribuida su colección de semillas a varias familias en el pueblo y les preguntó si se las podían cuidar. Ella no lo dividió en partes iguales porque le parecía que algunas personas tenían más espacio que otras.

Fue la familia Freely la que obtuvo más semillas. Y bueno, desde cierto ángulo podrías decir que fueron un poco irresponsables. Descuidados. Como si no fuera tan importante para ellos, como si no reconocieran el valor de lo que tenían. Simplemente, salieron de inmediato, aunque era un día ventoso, y esparcieron las semillas. Fueron imprudentes. Como si ni siquiera se dieran cuenta de lo que podría perderse si soplara el viento y el centenario hinojo de florencia *zefa fino*[2] se polinizara con los frijoles de soja genéticamente modificados del vecino.

Y mientras los años pasaban (la abuela se fue mucho más de lo que cualquiera esperaba), el jardín de los Freely creció de manera descontrolada. Honestamente, ni siquiera fueron cuidadosos en desmalezarlo. Tenían calabazas de un aspecto rarísimo, resultado de que, digamos, la pureza había sido claramente alterada. Además de eso, eran un poco vulgares.

Hicieron macetas con neumáticos usados. Imagina lo que se estaba filtrando en el suelo. Y no se veía tan bien. No parecía estar en el espíritu de la abuela Eisley. Parecía un desastre. Y cuando vino el otoño, ¿cosecharon las semi-

---
2 La "zefa fino" es una de las mejores variedades de hinojo.

llas? Seguro tenían una tonelada, pero, ¿de que variedad adulterada?

En realidad, era casi la misma historia en casa de los Wilders. La abuela les había dado cinco bolsas de semillas. Ambas familias, francamente, no parecían tan... inteligentes. No parecían darse cuenta de las complejidades del tesoro que se suponía que debían cuidar.

Pero luego estaban los Shackleys. A ellos les tocó una bolsa de las semillas de la abuela y sabían cuán preciadas eran. Esperaron una mañana perfectamente tranquila. Enterraron cada semilla en una parcela cuidadosamente preparada. Incluso cubrieron con solo una fina capa de arena húmeda las semillas de hierbas diminutas. No perdieron ni siquiera un grano de menta medicinal veteada, ni un punto de orégano de montaña. Obtuvieron una valla de buen gusto de inmediato. E incluso lo poblaron con una variedad especial de arañas cuyas redes ayudaron a atrapar partículas de polen invasoras. Limpiaron todos los días. Todo estaba hermoso. Mantuvieron los frijoles rojos de la herencia de la horticultura francesa n.º 552 en el lado opuesto a los pepinos prolíficos de Medio Oriente, porque sabían que los pepinos tienen tendencia a mezclarse con los frijoles. Y fue realmente hermoso.

Fueron inmaculadamente responsables en la preservación de cada variedad de semilla de una posible corrupción. El jardín se mantuvo más bien pequeño porque no dejaban que se descuidara, pero siempre cosecharon la cantidad justa de semillas perfectamente preservadas de una forna absolutamente intransigente.

Los años pasaron (como dije, la abuela no volvió en un buen tiempo), y mientras ellos esperaban, el jardín de los Shackleys se convirtió en una reserva. Tenían cerraduras puestas en las puertas. No para alejar a las personas, era solo porque comenzaban a preocuparse de que los vecinos pudieran entrar descuidadamente con polen de alguna compañía fabricadora de semillas de maíz pegado a sus zapatos. Eventualmente, incluso colocaron personas en las puertas para monitorear que se lavaran las botas. Tenían un sistema con aerosoles y cepillos que le daban un lavado de autos a tus pies. Realmente estaban actuando de la manera que creían que era la más responsable.

De vez en cuando, miraban a través de los campos de los vecinos y pensaban que las salvajes *susanas de ojos negros* eran hermosas y no les haría daño dejarlas entrar. Pero si *pensaban* eso, inmediatamente ellos mismo se controlaban. Se decían: "Espera, ¿entonces para qué hemos estado trabajando para sacarnos la suciedad de nuestros zapatos?". Cuestionar el proyecto era lo más inseguro así que, simplemente, se recordaban que el suelo de allí era incontrolable, de verdad, y no se sabía qué residuo químico podría traer una planta exterior. Fueron bastante exitosos en no dejar que cualquier ambigüedad nublara su proyecto.

Después de un tiempo, parecía que la abuela se había ido para siempre. Ya no parecía que estuviesen *esperando* algo, y comenzó a ser claro que lo que había que hacer "mientras tanto" era confiar en lo que sabían. Y lo que sabían mejor era cómo preservar las semillas. El tema de la abuela se había vuelto un poco ambiguo o algo así, mucho menos claro que el proyecto de preservación del jardín. Y, en verdad, después de un tiempo, todo su esmero y vigilancia empezó a generar una especie de miedo. Comenzó a existir la sensación de que si tenían que ser tan cuidadosos, precisos y minuciosos y evitar cometer errores, la abuela Eisley debía ser una anciana dura y exigente.

Realmente, sin saber siquiera qué estaba pasando en verdad, un espectro comenzó a flotar sobre su bonito y pequeño jardín, aunque nunca lo hubieran articulado de esa forma. La realidad era que empezaron a accionar desde el miedo. Y sucedió así que todo lo que hicieron, cada movimiento, estuvo bajo este espectro inquietante de juicio exigente. Empezaron a tener la sensación de que ellos, su mundo, todo, era inseguro. La compañía de semillas estaba fabricando variedades mutantes. Había rumores de mariposas monarcas portadoras de cromosomas genéticamente alterados. Pero lo que los hizo sentir seguros y tranquilos mientras esperaban fue la tendencia a la pureza de las semillas.

Así que esperaron e hicieron lo que creían que eran demandado de ellos, intentando cada vez más duro para asegurarse de que "la abuela" no fuera capaz de culparlos por perder ni siquiera una semilla. Fueron personas precavidas de manera creciente.

Ahora, después de mucho, mucho, mucho tiempo, la abuela Eisley regresó. Cuando se dirigió a la granja de los Freelys, todos estaban comiendo solo Dios sabe qué variedad de duraznos con plaguicida. Ellos miraron hacia arriba, con el jugo de fruta cayendo de sus bocas, y pegaron un salto para decir: "Dios mío. Estás de vuelta. No es posible. Guau. Dios. Ven y mira el jardín".

La llevaron a los campos, y allí estaba. Ya no eran tres hectáreas de variedades de plantas de herencia orgánica certificada. Para entonces, la calabaza púrpura canadiense se había extendido sobre media hectárea de tierra con pesticida; los guisantes *pioneer shell* (que se habían conservado durante varios siglos) crecían en todo el cultivo químico de maíz de algún vecino. Era enorme y difícil de manejar. Había hierbas desparramadas por todos lados. La abuela miró a través del desastre, alzó su puño y dijo:

"Dios santo… eso es…—hizo una pausa —… muy bello".

"Me gusta el efecto que tienen las enredaderas sobre el campo de maíz".

"Sabes, tal vez quieras ser un poco más cuidadoso sobre dónde plantas las cebollas *walla walla*. Amo lo que hicieron con esos neumáticos. Es muy bueno y creativo. Extravagante".

Se acercó a donde las malas hierbas estaban devastando los pimientos dulce de cereza y se arrodilló y dijo: "Deja que te ayude a quitar algunas malezas". Y luego de que todos cavaran en la tierra durante un rato, los detuvo para mostrarles algo que nunca habían visto antes, un lugar donde crecían violetas de un montón de pepinos podridos. Les mostró una variedad nueva y hermosa de melón que había surgido de la pila de compost. Nunca lo habían visto. Había mucha alegría en el ambiente. Y fue más o menos lo mismo en casa de los Wilders.

Después de una bella jornada, la abuela se dirigió a los de los Shackleys. Le costó entrar porque la puerta estaba cerrada, obviamente. Pero, finalmente, halló el modo.

Los Shackleys casi ni la reconocieron. Parecía tan… descuidada… para ser una mujer minuciosa, y un poco sucia, y ni siquiera había usado el limpia botas. Pero los Shackley se adelantaron y se inclinaron, respetuosos, incluso temblando un poco, porque le tenían miedo. Pero se sintieron bastante confiados al decir (y parecía como si lo hubieran ensayado algunas veces): "Sabíamos lo demandante y estricta que eras. Sabíamos qué vigilancia y cuidado eran necesarios, así que… ¡aquí está! Todo perfectamente conservado. Ninguna gota de fertilizante químico se ha derramado en este suelo. Y ni un polen de maíz químico en ninguna parte ha alterado la pureza". Varios Shackleys miraron las botas de la abuela y les *dieron ganas* de decir *bueno, no hasta ahora, pero* dijeron: "Mira, sabíamos que eras dura y mala, codiciosa y exigente, ten lo que es tuyo".

Y la abuela… bueno, no se sintió del todo bien. Y las cosas se pusieron un poco tensas. Parece una locura, pero la abuela llamó a todos los Shackleys "malvados y perezosos", lo cual no parecía muy preciso. Pero ellos la habían llamado "dura, cruel, mala y exigente", que tampoco era acertado. Hirieron sus sentimientos, y tal vez ella deseaba reflejar un poco cómo se sentía. Entonces dijo: "¿Ustedes sabían que yo era exigente y dura de corazón? Quizás debieron asegurarse de dejar que las variedades de pimienta se polinizaran abiertamente. Su contenido nutricional podría haber evolucionado. Pero, ahora, todo es exactamente lo mismo".

Y la abuela sacudió la cabeza y lloró mientras miraba a los asustados, herméticos y defensivos Shackleys. "Miren, no se suponía que debiera pasar esto. No quería vallas, cerraduras, guardias, limpiezas sanitizantes ni… personas invulnerables. Tarde o temprano, los pesticidas se descomponen. El *hinojo de florencia zeta fino* es una especie colaborativa". Dijo: "Tiren abajo las puertas. Dejen que el brócoli salvaje y el maíz de los Freelys crezca en el jardín".

Y a los Shackley les pareció que les habían quitado todo lo que tenían. Estaban atónitos. Se les quitaron sus cercas, puertas, cerraduras, baños desinfectantes y todo su sistema de conservación. Se sintieron perdidos, en la oscuridad, y lloraron (y tal vez incluso rechinaron un poco los dientes).

No creo que seamos tan buenos esperando. Todos hacemos cosas extrañas en el "mientras tanto". Y, tal vez, cuando nuestros movimientos solo están destinados a proteger, enterrar, temer, esconder y crear alguna cosa invulnerable, realmente no provienen de la fe. Tal vez estos movimientos contribuyen a una imagen de inclemencia en el mundo. Pero, ¿qué tal si seguimos tratando de darle un vistazo a ese maestro misericordioso? Tal vez cultivemos buena fruta. Tal vez, sin siquiera intentarlo, del compost crezcan melones.

La gloria no brilla; sangra

12 de mayo de 2002: séptimo domingo de Pascua

u

Después de hablar así, Jesús levantó los ojos al cielo, diciendo "Padre, ha llegado la hora: glorifica a tu Hijo para que el Hijo te glorifique a ti, ya que le diste autoridad sobre todos los hombres, para que él diera Vida eterna a todos los que tú les has dado. Esta es la Vida eterna: que te conozcan a ti, el único Dios verdadero, y a tu Enviado, Jesucristo. Yo te he glorificado en la tierra, llevando a cabo la obra que me encomendaste. Ahora, Padre, glorifícame junto a ti, con la gloria que yo tenía contigo antes que el mundo existiera. Manifesté tu Nombre a los que separaste del mundo para confiármelos. Eran tuyos y me los diste, y ellos fueron fieles a tu palabra. Ahora saben que todo lo que me has dado viene de ti, porque les comuniqué las palabras que tú me diste: ellos han reconocido verdaderamente que yo salí de ti, y han creído que tú me enviaste. Yo ruego por ellos: no ruego por el mundo, sino por los que me diste, porque son tuyos. Todo lo mío es tuyo y todo lo tuyo es mío, y en ellos he sido glorificado. Ya no estoy más en el mundo, pero ellos están en él; y yo vuelvo a ti. Padre santo, cuida en tu Nombre a aquellos que me diste, para que sean uno, como nosotros". —Juan 17: 1-11 (El Libro del pueblo de Dios)

Realmente, cuando lo leí por primera vez, no me gustó ese texto de Juan. No me vuelvo loca por la palabra *gloria*. No elegiría usarla en un momento culminante de cualquier historia que estuviera escribiendo: gloria, glorificar, glorificado, glorificar a ti, glorificarte, glorificarte a ti. Ni siquiera entiendo de qué se trata.

Majestad. Esplendor. Gloria. Parecen marcas de jabón para lavar platos. Parecen palabras que encuentras en folletos de viaje que recoges en áreas de descanso. De esos que tienen treinta años de estar allí, con imágenes sobrexpuestas de familias en piscinas. Folletos con declaraciones como: "Contemplen la majestad de las Montañas Rocosas mientras disfruta la gloria de nuestra piscina climatizada".

Quizás solo sea una vieja palabra —*gloria*— que solía ser buena. Pero se siente vacía. Hueca. Y, yo no sé, pero creo que me despierta sospechas. Gloria. ¿A qué clase de Dios le importa tanto su propia gloria? A Zeus tal vez, o a Afrodita. Algún Dios con un largo cabello rubio o a algún Dios musculoso. A algún Dios que demande constante homenaje.

Parece que el tipo de Dios que se preocupa tanto por su gloria es el que se enoja por cualquier cosa, por leve que sea. Como si, por escuchar a alguien decirle que no es tan guapo, hiciera llover durante cuarenta días. O hacer que el viento sople en cierta dirección por cuarenta años para que los marineros tengan que hacer sacrificios para apaciguarlo. Parece que ese es el tipo de Dios al que le preocupa su gloria.

O tal vez como la malvada madrastra de Blancanieves (o su tía, no lo recuerdo): la reina de Blancanieves, que se ve al espejo todos los días para asegurarse de que es cierto que aún es la más bella de todas. Quiero decir, conozco el sentimiento, pero, ¿podrías confiar en un Dios así? ¿Un Dios que estuviese motivado de esa forma? Mira lo que le paso a Blancanieves cuando amenaza la gloria de la reina (tan solo por ser hermosa). La reina está determinada a matarla. ¿Podrá un Dios así ayudarnos, cuidarnos o amarnos? Un Dios obsesionado con ser adorado, con la gloria, con su belleza, sus músculos o su cabello?

En el texto de hoy aparece la gloria por todos lados. Prácticamente, palabra por medio. Jesús reza por ser glorificado. Gloria sea a ti. Glorifícame. Es una oración por gloria. Siento que es un poco difícil meterse en eso. Me hace dar ganas de cerrar el libro. Tirarlo por la ventana. No me gusta Zeus.

Pero luego, mi colega Marcos me recordó (gracias a Dios), cuando estábamos buscando en el texto, que la gloria en el evangelio de Juan no es exactamente lo que normalmente se podría pensar que es. De hecho, podría ser una palabra diferente. Muy diferente.

Juan dice: "Hemos visto la gloria de Dios en la Palabra hecha carne". Suena algo extraño. Es casi todo lo contrario de lo que esperarías que alguien dijera sobre la gloria de Dios. Va en dirección opuesta. La gloria no es la transformación de la carne mortal en divina majestad sino que es la majestad haciéndose carne, lo grande haciéndose pequeño. La gran omnisciencia, omnipresencia, omnipotencia divina haciéndose humana, limitada, carne, mortal. Lo que está allí afuera, lejos, por sobre todo, haciéndose cercano. Lo que está seco, limpio y majestuoso convirtiéndose en carne. Carne. Eso es sangre, huesos, venas y piel. Eso es una lengua y dientes. Es salvaje. Esa es la gloria de Dios en el evangelio de Juan. Hemos visto la gloria de Dios en la Palabra hecha carne.

Y, aún más distinto, cuando Jesús ora a Dios aquí diciendo *glorifícame*, quiere decir *súbeme a la cruz*. Elévame para ser crucificado. Esa es la gloria en el evangelio de Juan: la cruz. ¿Esa es la gloria? Entonces es muy diferente. Una crucifixión era un largo proceso de humillación pública. Cada paso privaba sistemáticamente al que era crucificado de su honor y poder. Era una especie de entretenimiento para las multitudes ir, burlarse y ridiculizar a la persona que estaba muriendo.

Obviamente, esta no es la gloria del héroe campeón del equipo de hockey. Aquí hay algo sobre perder. Un tipo de gloria distinta a la que busca la reina de Blancanieves, que se mira al espejo para asegurarse de ser la más bella. Esta gloria se parece más a romper el espejo de una pedrada. Este no es Zeus enojado porque alguien no admira sus músculos. Este es Dios renunciando a los músculos. Y esta es la gloria de Dios. No brilla, exactamente; sangra.

Es descabellado. Ese es Juan. La gloria, como la pensamos generalmente, como está definida cotidianamente (incluso en el diccionario), se trata mucho de *ser distinto*. Bello, grandioso o inteligente de manera única. La gloria se trata de ser separado del rebaño ordinario, para pasar a ser de una calidad excepcional. Se trata de escaparse. La gloria de Dios va en la dirección precisamente opuesta. La gloria por la que reza Jesús es que "ellos sean como uno, como el Padre y yo somos uno". Están *dentro* el uno del otro y él reza para que nosotros estemos *dentro* de él y él *en* nosotros. Suena muy íntimo. Ciertamente involucra unión y no separación. La gloria está en unirse. No es el campeón tomando su lugar en lo más alto del podio. Es el padre con el hijo. Dios con nosotros. La gloria está en unirse, no en separarse.

Somos seres extraños.

Pienso que queremos gloria (la gloria de nuestro mundo, la gloria de ser el más grande) porque queremos amor. Queremos que todos nos amen, el gran amor, unión. Pero nuestros métodos, nuestros sistemas para alcanzar la gloria, toda nuestra idea de gloria trabaja en la dirección opuesta si a lo que realmente apuntamos, lo que anhelamos, es la enorme reunión del gran amor.

Nuestros sistemas de gloria funcionan según el mérito, ¿no? Obtienes gloria siendo más inteligente, sabio, lindo, amable, teniendo las mejores políticos; siendo más rápido, recto, siendo un mejor budista, cristiano; más fuerte, saludable, ético, más consciente del medio ambiente; simplemente mejor que la mayoría de las personas, al menos que algunas personas, en algunas ocasiones, de alguna manera. La gloria se deposita en aquel que se ha destacado, en el "ganador".

Así que comprobamos el espejo mágico de la reina hasta el hartazgo, incluso inconscientemente. Quizás esté en nuestros genes. Quizás sea la supervivencia del más apto. Pero, algunos días, en algunas situaciones probablemente estamos allí cada media hora: "Espejito, espejito, ¿cómo estoy? ¿Voy ganando? ¿Me estoy quedando atrás?". No sé si nos gusta, pero parece que estamos bastante cautivados por él, confinados por nuestro sistema de gloria. No sé si creemos mucho en que realmente somos salvos por gracia, amados, aceptados en el seno de Dios, creados bien y completos.

Actuamos bastante como si estuviésemos más bien convencidos de que somos salvos, amados, aceptados en el seno de Dios, bien creados, completos y sanos por la gloria que merecemos, por nuestras obras y lo que hacemos y no por la gracia de Dios. Pienso que, tal vez, tengamos un gran problema con la gracia que pasa por algo mucho más profundo. Estamos tan inmersos en nuestro sistema de gloria que la gracia es más bien ofensiva.

Los fariseos, que tenían todo un sistema de gloria, estaban tan ofendidos por la disrupción que Jesús causó en su sistema de obtención de gloria, se sintieron tan insultados por la sugerencia de que la salvación era por gracia, que necesitaron matarlo. Y me pregunto qué es tan ofensivo de la gracia. Me pregunto: en la gloria de Dios, que no es el tipo de gloria a la que estamos acostumbrados, ¿qué es lo que resulta tan ofensivo?

La historia hoy, las de la Biblia, la historia de la caída, la del evangelio y toda la cuestión parecen decir que es ofensivo porque implica que no podemos hacer nada por nosotros mismos. Porque la gracia implica necesidad y no nos gusta estar necesitados. Da miedo y no confiamos en que realmente haya algún modo de satisfacer nuestra necesidad. Parece que *necesitados* para nosotros implica deficiencia, debilidad, maldad. Queremos relación. Queremos amor tan profundamente. Pero no podemos soportar nuestra propia necesidad.

En cambio, nos sentimos más seguros con nuestro sistema de gloria. Nos gustaría tener más de eso en lugar de descansar en los brazos de la gracia. Nos gustaría quedarnos con nuestro sistema de gloria que estar por la vida *necesitando*. Necesitando a Dios. Así que inventamos este lugar donde ponernos, esta forma de pararnos, creemos que somos seres autónomos moviéndonos por el mundo por nuestros propios medios, nuestro propio mérito, nuestra bondad, talento o poder. Nos miramos a nosotros mismos y al mundo como si estuviera hecho de seres autónomos no relacionados, cosas y eventos separados, independientes, sin nada que una los unos a los otros, ni a la creación, ni a Dios. Separados, por nuestra propia cuenta.

Claro que es una mentira. La autonomía es una completa ficción. En nuestro centro, somos criaturas muy necesitadas (y muy relacionales). No te puedes mover por el mundo de manera autónoma. Respiras, alguien más siente el aire en la mejilla. Sueltas algo, y cae en la cabeza de otro. Te mueves, las cosas cambian, y la mayor parte del tiempo no tienes ni idea ni control. No tenemos opción. Necesitamos todo lo que está alrededor nuestro, todo el tiempo, cada minuto de nuestras vidas.

Sin todo lo que está más allá de ti, sosteniendo y soportándote ahora mismo, te evaporarías. No existes. Mueres. Tu vida es absolutamente dependiente de la gravedad, el aire, la comida y, creo, Dios. Pero parece que no podemos soportar vivir en ese lugar.

En Juan, esa postura inventada de autonomía enajenada es "el mundo", y tiene una gran polémica en contra. No es que "el mundo" sea sucio, malo, inmoral o humano, pero hace que este espacio, este lugar de autonomía alienada, este lugar falso permanezca. Lo que fue forjado dentro y para la relación, intenta vivir fuera de ella. Vive en el mundo de la gloria del sistema del mérito y no en la gracia o en la gloria de Dios.

En cierto sentido, es como si fallásemos como amantes. Queremos comunión, unión, amor, pero de alguna manera nuestro modo de obtener gloria termina siendo alienante, tajante, no comunicador de amor. Tener que ganar o "ser mejor que" nos pone a juzgar, trazar líneas, hace que nos desagrade lo que es débil, lo que pierde, lo que implica necesidad en los humanos. Creemos profundamente que lo necesitado no recibe amor. ¿Quieres obtener algo de amor? Probablemente deberías esconder la necesidad. Muy bien. Probablemente deberías ganar en el juego de la gloria. En realidad no nos avergonzaremos lo suficiente por amor. No nos vamos a humillar por amor.

Dios no actúa como nosotros. Dios es tan tonto por el amor, que elige la *necesidad*. Escoge necesitarnos. Dios no es tan genial. Dios es el tonto que trepa al árbol detrás del gato. Dios persigue, va a humillarse, continúa, se arriesga por caminos sangrientos en búsqueda de nosotros, en búsqueda del amor. Muere en la cruz, pierde, se vuelve un anticampeón en pos de la unidad, de la relación, por el bien de la unión, por amor. Dios se extiende alrededor de todos nuestros juegos y los rompe en pedazos, los reduce a cenizas.

Y esa es la gloria de Dios. La gloria de Dios es completamente para nosotros. La gloria de Dios deshace la alienación y separación que producen nuestros sistemas de gloria. Nos deja libres para que tengamos comunión, para amarnos los unos a los otros. Podemos vivir allí.

Cuervo común

14 de abril de 2002: tercer domingo de Pascua

u

Ese mismo día, dos de los discípulos iban a un pequeño pueblo llamado Emaús, situado a unos diez kilómetros de Jerusalén. En el camino hablaban sobre lo que había ocurrido. Mientras conversaban y discutían, el mismo Jesús se acercó y siguió caminando con ellos. Pero algo impedía que sus ojos lo reconocieran. El les dijo: "¿Qué comentaban por el camino?". Ellos se detuvieron, con el semblante triste, y uno de ellos, llamado Cleofás, le respondió: "¡Tú eres el único forastero en Jerusalén que ignora lo que pasó en estos días!". "¿Qué cosa?", les preguntó. Ellos respondieron: "Lo referente a Jesús, el Nazareno, que fue un profeta poderoso en obras y en palabras delante de Dios y de todo el pueblo, y cómo nuestros sumos sacerdotes y nuestros jefes lo entregaron para ser condenado a muerte y lo crucificaron. Nosotros esperábamos que fuera él quien librara a Israel. Pero a todo esto ya van tres días que sucedieron estas cosas. Es verdad que algunas mujeres que están con nosotros nos han desconcertado: ellas fueron de madrugada al sepulcro y al no hallar el cuerpo de Jesús, volvieron, diciendo que se les habían aparecido unos ángeles, asegurándoles que él está vivo. Algunos de los nuestros fueron al sepulcro y encontraron todo como las mu-

jeres habían dicho. Pero a él no lo vieron". Jesús les dijo: "¡Hombres duros de entendimiento, cómo les cuesta creer todo lo que anunciaron los profetas! ¿No será necesario que el Mesías soportara esos sufrimientos para entrar en su gloria?". Y comenzando por Moisés y continuando en todas las Escrituras lo que se refería a él. Cuando llegaron cerca del pueblo adonde iban, Jesús hizo ademán de seguir adelante. Pero ellos le insistieron: "Quédate con nosotros, porque ya es tarde y el día se acaba". El entró y se quedó con ellos. Y estando a la mesa, tomó el pan y pronunció la bendición; luego lo partió y se los dio. Entonces los ojos de los discípulos se abrieron y lo reconocieron, pero él había desaparecido de su vista. Y se decían: "¿No ardía acaso nuestro corazón, mientras nos hablaba en el camino y nos explicaba las Escrituras?". En ese mismo momento, se pusieron en camino y regresaron a Jerusalén. Allí encontraron reunidos a los Once y a los demás que estaban con ellos, y estos les dijeron: "Es verdad, ¡el Señor ha resucitado y se apareció a Simón!". Ellos, por su parte, contaron lo que les había pasado en el camino y cómo lo habían reconocido al partir el pan. —Lucas 24: 13-35 (El libro del Pueblo de Dios)

La *Guía de Planificación de Adoración de los Servicios Dominicales: ciclo A* sugiere que, el tercer domingo de Pascua, la iglesia debería considerar la pregunta: "¿Cómo percibimos la presencia continua del Señor resucitado en nuestra realidad hoy?".

No sé por qué casi no podía escuchar esa pregunta cuando la leía en esa guía de planificación de la adoración, por qué me parecía tan liviana, rígida y monótona. Porque, una vez que lo pensé, me di cuenta de qué pregunta tan salvaje y densa era. Qué escandaloso, en serio, era sugerir que las personas se junten a considerar cómo percibimos la continua presencia del Señor resucitado en nuestra realidad.

¿Cómo "percibimos"? Eso es enorme. ¿Qué es *presencia* o *realidad*, si se puede decir que alguna de ellas existe? ¿Que es "la iglesia"? ¿Cree, siquiera, en el Señor resucitado? Si crees que percibes "la presencia", ¿realmente lo haces, de verdad? ¿No es algún mal entendido? ¿Nos confunde la nostalgia sentimental, la autorrealización o la euforia inducida por el whisky con la presencia viva de Dios? Y si crees que no percibes la presencia, ¿estás percibiendo mal? ¿Y cómo sabes quién te lo va a decir? ¿Importa? La percepción es algo muy resbaladizo, tengámoslo en cuenta.

Pero el viernes por la mañana fue bello. El sábado, también. Pero la mañana del viernes lo fue más para mí porque los dos días anteriores había estado muy oscuro y húmedo. Tanto, que el río se había desbordado y, donde generalmente hay un campo de heno, ahora hay un pequeño lago a veinte metros de mi puerta trasera. Estoy sentada aquí afuera en la mañana del viernes y todo se ha intensificado porque es el primer día soleado en lo que pareció ser una eternidad oscura (aunque solo fueron tres días). Está tan cálido; es primavera, y los pájaros vuelan alrededor, volviendo desde donde sea que hayan estado. Veo pájaros azules y cisnes y todo tipo de patos que usualmente nunca suelen venir, pero lo hacen porque ahora hay un pequeño lago. Veo a este gran pájaro del río que vuela hacia mí. Estoy convencida de que es algún tipo de águila o alguna cosa rara y genial. Así que me pongo de pie, entusiasmada. Estoy a punto de tomar los binoculares cuando el ave se acerca un poco más. Vuela rápido, y me doy cuenta. Es un cuervo. Un cuervo. Un carroñero común que se encuentra en basureros y alrededor de animales muertos que son aplastados en el camino. No es raro. Ni siquiera canta. Grazna como una rana.

No hay nada nuevo en esta magnífica mañana de primavera. Ha estado aquí todo el invierno. Ha estado aquí por mucho tiempo. Es un cuervo. Y aunque no hay observadores de aves, nadie en mi patio trasero, me da vergüenza que un cuervo me entusiasme tanto. Qué ridícula. ¿Cómo puede ser tan poco precisa mi percepción, que no reconocí un cuervo?

Reflexionar sobre la percepción, la vista y el reconocimiento es divertido, pero puede ser el tipo de pensamiento que te vuelve loco. Lo que pensamos que son momentos de claridad, tal vez puedan ser momentos de delirio. Lo que pensamos que es delirio puede ser una percepción más precisa de la realidad (si tal cosa existe). Lo que pensamos que es tener una percepción errónea, puede ser una percepción. Puede que no estemos más nublados que cuando estamos convencidos sobre algo, y que tengamos la mayor cantidad de claridad cuando nos sentimos nublados.

Quizás no tuve una percepción errónea cuando me entusiasmé por el cuervo. Quizás estaba viendo más verdaderamente. En vez del usual "es solo un cuervo", vi algo… deslumbrante. La más común, mundana y cotidiana de las aves. Están ahí todo el tiempo, por todos lados, tan presente que, a menudo, ni siquiera las miro, pero la vi. Y fue, por primera vez, por un momento… deslumbrante. Tal vez, mi percepción errónea era en realidad un reconocimiento de lo que me estoy perdiendo la mayoría del tiempo.

La escritura para esta noche es sobre la percepción errónea, el ocultamiento y el reconocimiento. No observar al mirar. La historia es sobre la primera aparición "del Señor resucitado" en Lucas. Algunos discípulos están caminando en el camino que lleva fuera de la ciudad, tal vez yéndose a su casa o tratando de dejar todo atrás. Hablan sobre Jesús y la crucifixión, sobre lo sucedido, sobre lo que significaba todo eso. Cuando de repente, de la nada, el Jesús supuestamente muerto está presente. Va por el camino, pasa junto a ellos.

No sé por qué, pero, aunque aparentemente están totalmente absortos en su historia, ni siquiera lo notan a su lado. Y luego, incluso cuando lo miran directamente a sus ojos, no lo reconocen. Tal vez está disfrazado u oculto. Tal vez hay algo que está totalmente arruinado en su visión. Tal vez ambas, pero no perciben la presencia del Señor resucitado. El texto dice: "Sus ojos no pudieron reconocerlo".

Bueno, esa me parece la mejor descripción que pueda imaginar sobre "cómo percibimos la presencia del Señor resucitado en nuestras vidas". Creo que no muy bien. No muy fácilmente. Casi que nada. Si está ahí, la mayoría de las personas, la mayoría de las veces, no lo deben reconocer. El Señor viviente es difícil de ver.

¿Por qué será que Dios estaba tan oculto? No solo está en el camino a Emaús. La mitad de la Biblia se trata de personas *no viéndolo*, no entendiéndolo, no reconociendo a Dios. Y la otra mitad se trata sobre Dios escondiéndose en un arbusto ardiente o en las nubes. Dios hablando a través de un burro en algún lugar del Antiguo Testamento. No puedes ver la cara de Dios y vivir.

Tal vez las personas miran a Jesús a la cara, pero jamás nadie lo ve claramente. Los discípulos nunca lo hicieron. Siempre hay misterio, ambigüedad, ocultamiento. Si algo está claro de la escritura —desde la experiencia, desde la vida, desde todo— es que tener una relación de continuo con un Dios viviente es una cuestión de fe, no de ver claramente. Siempre hay una sensación de ocultamiento, de que nuestros ojos son guardados de cualquier reconocimiento constante. Ahora lo ves, ahora no lo ves.

Podrías pensar que no debería ser de esta manera. Que si hay un Dios, seguramente ese Dios se aseguraría de que lo recoociéramos como Dios viviente, el Señor resucitado con claridad, certeza y no dejaría ni una posibilidad a percepciones erróneas. Pero no es así como son las cosas.

Jesús ha resucitado de los muertos en esta historia. Dios simplemente ha revelado a través de su hijo que no hay ningún obstáculo para su amor, ni siquiera la muerte. Y estos tipos en el camino no lo saben, no pueden verlo. Todos están perplejos, preocupados, decepcionados y llenos de desesperación. Y piensan que tal vez él no era realmente el mesías, después de todo. Tal vez no hay tal cosa como el amor de Dios.

Uno pensaría que Jesús aprovecharía el momento para revelarse triunfalmente a sí mismo. Brincaría, se arrancaría el disfraz: "¡Hola, chicos! ¡Sorpresa! ¡Estoy vivo! Alégrense. Soy yo. Aquí estoy. No soy solo el mesías, soy Dios y derroté a la muerte. Adórenme. Reconózcanme. Soy increíble. Acabo de lograr el mayor acto de amor que el mundo jamás conocerá. Mírenme. Véanlo". Pero no es así como Jesús opera en estas historias.

Odio cuando me acerco a las personas que asumo totalmente que deberían conocerme, que me he encontrado mil veces, y me miran y no me reconocen en absoluto. Es insultante para mí, un poco humillante. Pero no parece que Jesús tenga tal necesidad de ser reconocido. Al menos, no hay apuro. Dios parece increíblemente relajado acerca del reconocimiento. Increíblemente paciente, como si tuviese todo el tiempo del mundo y más allá del mundo y, si no es ahora, sería más tarde.

En esta historia, Jesús no parece preocuparse por no ser reconocido. Parece más bien juguetón, bromista, tramposo. Se escabulle entre los discípulos que van por el camino, se cuela entre ellos y juega un poco. Dice: "Hey, ¿de qué están hablando, chicos?". Ellos lo miran y le preguntan: "¿Qué? ¿Eres el único que no se ha enterado?". Bueno, obviamente, él sabe mejor que nadie, más de lo que jamás podrían saber ellos. Sabe exactamente de lo que están hablando, pero pregunta: "¿Qué cosas?".

Según tu perspectiva, podrías pensar: *qué escurridizo, qué engañoso*. Tal vez *qué relajado, qué juguetón*, tal vez Jesús tiene un poco de sentido del humor. En cualquier caso, tienes que esperar que sea así, porque luego estos tipos totalmente incomprensivos, que ni siquiera reconocen la presencia del Señor viviente, proceden a explicarle al Señor vivo cómo murió, lo que significaba y quién era. Actúan como si supiesen todo, pero no saben nada. No lo conocen, aunque lo están viendo cara a cara. Pero le van a contar a Jesús todo sobre Jesús. Probablemente, la iglesia sea así. Es el tipo de cosas que te hacen encoger los hombros. Es vergonzoso.

Jesús les llama *necios*, y *lentos para creer*, pero aparentemente eso no es ningún tipo de condena general (en realidad, él mismo ha sido un tonto). Aparentemente no es ningún tipo de rechazo porque, luego, va con ellos a donde sea que están tratando de ir a pasar la noche. Cuando llegan allí, comparten una comida. Y Jesús toma el pan. Lo bendice. Lo parte. Y se los da. Y lo reconocen. Sus ojos son abiertos. Finalmente, se hacen conscientes de su presencia cuando parte el pan. Jesús es reconocido del todo... en la comida. Extraño, ¿no? Es tan material.

Antes, en el camino, Jesús interpretó por ellos en la escritura todas las cosas concernientes a él mismo. Uno pensaría que, tal vez, cuando vieron eso, entendieron intelectualmente, teológicamente, a través de las Escrituras, que ese habría sido el momento del reconocimiento. Pero no fue allí que percibieron su presencia. En su lugar, el reconocimiento viene cuando los alimenta con comida en serio. Y ni siquiera comida lujosa, tal solo pan. Parece tan básico, tan animal, tan bajo, tan cotidiano. Como un cuervo.

Las palabras en esta historia —*él tomó, bendijo, partió, dio*— nos recuerdan a la última cena. También son las palabras exactas que usó antes en la historia de la alimentación de la multitud hambrienta. En esa historia, hay cinco mil personas que no pueden ser alimentadas con cinco panes y dos peces, así que los discípulos están listos para mandar a todos de regreso para que se encuentren qué comer. Pero, silenciosamente, sin que nadie reconozca el milagro, Jesús parte el pan y alimenta a todos. La multitud no reconoce realmente que este fue un acto del Dios viviente. No perciben qué estaba pasando, pero han sido cuidados, alimentados y amados por Dios.

Tal vez sea un poco como la presencia del Señor resucitado, el Dios viviente, en nuestras vidas. Tal vez no lo vemos la mayor parte del tiempo pero, aun así, está sosteniéndonos a todos, a toda la creación, alimentándonos, amándonos de alguna manera subyacente.

Quizás está oculto porque la gracia, el amor, la misericordia y la esperanza no son el tipo de cosas que puedes percibir como otras (leyes, ciencia, matemática, muerte, palabras, cuadros). Quizás no la puedes recibir como recibes una guía moral. O aceptarlas como si aceptaras argumentos o pruebas. Tal vez está oculta porque tu no recibes amor, misericordia y esperanza al ser persuadido, convencido o manipulado con coerción. No es así como sucede. Así no es el amor. Tal vez recibir es más como... comer pan. No estoy diciendo que entiendo lo que significa, solo estoy diciendo que tal vez sea así.

¿Qué es la presencia del Dios viviente en el mundo y cómo la conocemos, percibimos y reconocemos? Creo que muchas veces no lo hacemos. Es tan grande —o tan pequeña—, tan penetrante. Algo que podemos mirar a la cara y no reconocer. Está escondido de nuestros ojos.

En el mismo momento en que reconocen la presencia del Señor resucitado en esta historia, él se desvanece de su vista. Ahora lo ves, ahora no. Le das un vistazo y luego se va. Lo olvidas y no lo reconoces y solo te pones a trabajar: pagar cuentas, comprar automóviles, tratar de ser reconocido, tender camas y lo que sea. Pero, tal vez, la parte del ocultamiento es simplemente que Dios puede esperar y esperar y esperar para ser reconocido. No tiene ninguna necesidad de ser coercitivo, está más preocupado por alimentar a todos y sostener el amor que por ser reconocido.

No sé cómo ni cuando, ni siquiera si percibimos la presencia de Señor resucitado en nuestras vidas. Pero creo que nos rodea, está aquí todo el tiempo, en todo lugar, está presente de forma generalizada, se queda todo el invierno, ha estado aquí todo este tiempo. Que lo recibas al partir el pan. Si no ahora, más tarde; o luego; o eventualmente. Amén.

www.ingramcontent.com/pod-product-compliance
Lightning Source LLC
Chambersburg PA
CBHW030326100526
44592CB00010B/580